大数据背景下业财融合研究

张建峰　唐　亮　著

哈爾濱工業大學出版社
HARBIN INSTITUTE OF TECHNOLOGY PRESS

图书在版编目（CIP）数据

大数据背景下业财融合研究／张建峰，唐亮著. —
哈尔滨：哈尔滨工业大学出版社，2021. 10
ISBN 978 – 7 – 5603 – 9779 – 5

Ⅰ. ①大… Ⅱ. ①张… ②唐… Ⅲ. ①财务管理 – 研
究 Ⅳ. ①F275

中国版本图书馆 CIP 数据核字（2021）第 217150 号

策划编辑　常　雨
责任编辑　佟　馨
封面设计　清　清
出版发行　哈尔滨工业大学出版社
社　　址　哈尔滨市南岗区复华四道街 10 号　邮编 150006
传　　真　0451 – 86414749
网　　址　http://hitpress. hit. edu. cn
印　　刷　哈尔滨圣铂印刷有限公司
开　　本　787mm × 1092mm　1/16　印张 7. 25　字数 142 千字
版　　次　2021 年 10 月第 1 版　2021 年 10 月第 1 次印刷
书　　号　ISBN 978 – 7 – 5603 – 9779 – 5
定　　价　58. 00 元

前　言

随着社会信息化技术的发展，大数据、云计算、“互联网＋”等技术不断运用到各行各业，在财务工作上也出现了财务外包、财务共享中心、财务机器人等新的管理模式和新生事物，它们的出现给传统的财务核算部门带来了机遇和挑战，也给财务人员带来了压力和动力。社会营商环境在不断改善，行业生产经营分工日趋精细，如何合理利用已经掌握的数据与信息来实现对有限资源的合理利用，同时促使企业经营风险变得更小，是当代企业探索与研究的重点。业财融合作为一种科学的财务管理模式，成为现代企业提升综合竞争力的重要抓手。

在此背景之下，本书针对大数据时代的业财融合进行了系统研究，意在让企业的业务层面与财务层面，利用信息技术手段进行有机融合，实现各类数据信息的及时共享、业务管理和财务管理的高效结合。希望本书的研究能够让相关企事业单位的业财融合之路更为顺畅，从而给财务人员指明一条新的职业发展之路，有利于提升企业的整体管理水平，促进企业价值最大化的实现，也为企业的长远发展提供保障。

本书共分为六章。其中，第一章是绪论部分，第二章是大数据背景下业财融合的必要性，第三章是大数据背景下业财融合的现状与困境，第四章是大数据背景下业财融合的对策，第五章是大数据背景下业财融合案例研究，第六章是结论部分。每一章都重点论述了大数据背景下业财融合的相关内容，尤其是第四章和第五章重点阐释了大数据背景下业财融合的对策。

纵观本书，具有下列特征：第一，内容翔实，书中对大数据背景下业财融合的相关内容进行了详细、严谨的论述；第二，理论深入浅出，语言通俗易懂；第三，本书结构布局合理，从大数据背景下业财融合的概念开始直到方法与对策，逐步展开理论架构，可谓清晰明了，是一本理论性和实践性兼具的著作。

由于作者水平有限，如有疏漏不妥之处，敬请读者批评指正。

作　者

2021 年 4 月

目 录

第一章 绪论 …… 1

第一节 业财融合概述 …… 1
第二节 大数据概述 …… 9
第三节 大数据对现代企业的影响 …… 16

第二章 大数据背景下业财融合的必要性 …… 25

第一节 提升企业管理水平的需要 …… 25
第二节 强化风险管理的需要 …… 29
第三节 实现企业利益最大化的需要 …… 32
第四节 顺应时代改革的需要 …… 36

第三章 大数据背景下业财融合的现状与困境 …… 41

第一节 大数据背景下业财融合的尝试与探索 …… 41
第二节 增强企业的业财融合意识 …… 45
第三节 加强业务与财务之间的沟通 …… 47
第四节 建设信息系统,提高业财融合效率 …… 49

第四章 大数据背景下业财融合的对策 …… 53

第一节 提高企业的大数据挖掘分析应用能力 …… 53
第二节 基于大数据技术构建业财融合的企业管理会计框架 …… 60
第三节 顺应大数据时代,优化企业的业务财务管理流程 …… 63
第四节 增强大数据时代企业的财务风险管理能力 …… 68

第五章 大数据背景下业财融合案例研究 …… 71

第一节 国有企业的业财融合案例研究 …… 71
第二节 民营企业的业财融合案例研究 …… 85
第三节 中小企业业财融合案例研究 …… 95

第六章　结论 ······ 100

第一节　大数据背景下业财融合的意义 ······ 100

第二节　大数据背景下业财融合前景展望 ······ 102

参考文献 ······ 107

第一章　绪　　论

第一节　业财融合概述

目前学术界有关业财信息搜索技术的研究尚少,因此本节主要针对业财融合、财务信息共享和信息搜索方式几方面分别进行探讨。业财融合是财务管理中深度融入业务运营的一种管理方式,在实际运营中支撑企业战略和运营决策,实现业务财务的有机协同,助力企业价值创造。现代财务管理体系应分为目标层、内容层、架构层和基础保障层。其中,深化协同、支撑决策、持续推动公司价值增值,是财务管理的终极目标,位于业财融合体系金字塔的顶端;内容层是财务管理的重点领域,是企业的核心价值点;架构层是现代财务管理体系架构设计,分为战略财务、业务财务、共享财务,其清楚界定各类财务的职责及工作方向,根据不同企业的管理特点和业务变化不断更新;位于金字塔底端的基础保障层是财务管理体系的坚实基础,为财务管理工作的顺利实施提供保障。四层互相影响、互相推动着财务管理体系的开展。作为企业当前财务部门转型的趋势,业财融合要求将业务流程与财务管理协同合作,从未来角度出发,进行实时预测,及时反馈。

一、业财融合的内涵

从现有国内外的文献综述来看,业财融合是管理会计发展的趋势,在企业中发挥的作用日益突出。其融合方式一可通过信息技术等管理工具将企业经营中的业务流程、财务流程以及管理流程实现一体化,实现财务数据信息共享,会计核算集中化,提高财务运营效率;融合方式二可通过预算管理、成本管控作为切入点,结合价值管理、绩效管理、风险内控等先进的管理方法去实现业财融合,让业务人员更加了解财务效益管理理念,使价值管理真正贯穿于整个经营过程中。业财融合将业务信息与财务信息相结合,这就使财务部门的职能转为通过事先预算来预测业务活动所产生的经济效益,不再仅仅依靠事后的分析总结,改变以往会计信息的滞后性,具体业务人员也能够第一时间收到反馈信息,从而让业务能更好地开展下去。在公司经营活动方面,包括规划、采购、投资、产品、营销以及客户服务等财务部门都能参与其中,将市场需求作为基准,财务的职能从对外披露报告财务信息逐步延伸到为企业管理员提供有用的资源与参考。信息化的发展是辅助其实现的主要方式,它将会计核算系统升级改造为涵盖各个业务核算的系统集合。当企业开展新业务时,业务统计系统把交易过程中产生的数据进行统计和记录,经过筛选处理后迅速将有用信息传递给会计信息系统。如此就可以达到业务部门与财务部门的数据信息共享,同时数据的有效性、准确性能够得到保障。业财融合的主要优势如下:①帮助企业实现价值。企业价值由企业资金时间价值、风险控制能力和可持续发展能力体现。业财融合可以把控企业各经营环节产生的成本费用,从而降低成本,提高资源配置有效性。业务信息与财务信息的结合使信息更加全面、及时、有效,利用这些信息对企业经营活动进行深入分析能让企业在复杂多变的市场环境中灵活应对,从而使企业自身价值得到实现并可持续发展。②满足信息化与大数据背景的需要。一般我们采用管理会计对企业的成本与利润进行分析,以此来评价企业的营运效果。在信息化进程的迅猛发展下,信息系统也在不断升级优化,数据的收集、统计与获取方法也在不断更替。数据分析报告能根据不同的使用者将数据生成满足使用者需要的报告,实现客户个性化设计,企业就能够同时满足所有客户的不同需求,不再进行大批量高成本模糊性的生产,转而进行定制化生产。业财融合能够通过对数据的结合与强大分析,使企业面向未来并解决问题。③提升经营数据的有效性。在传统的业务财务模式中,两个部门的工作重点并不相同。业务部门重点在于业务量的实现和业务市场的拓展;而财务部门更多的是注重成本和利润的分析,更加关注成本的开销所产生的经济效益。

由于业务开展与会计核算不能同时进行,加上企业财务人员大部分都是专业型人才,缺乏复合型人才,所以在实际工作中,财务部门只对数据信息进行记录核算,缺少对不同行业数据的敏感性,所以很少进行深层次挖掘与利用。当然财务人员也会对生成的数据进行一定分析,但是由于财务人员对业务的了解片面,使得产生的分析结论一方面不能够有效地帮助业务人员利用信息;另一方面,由于各自长久以来形成的“信息孤岛”,使得会计人员对数据的处理更多地站在会计角度,在过去很长一段时间内,能够在一定程度助力企业的发展,但是面对当今多样化的市场,会计部门继续沿用传统的信息处理方式显得力不从心,对企业的帮助也越来越小。此外,在实际的企业管理中,存在着大量数据信息收集速度缓慢和数据分析不精确的问题。由于大量的数据都依靠人工收集,当中很可能发生错计和漏记的情况,所以问题主要出现在这些需要大量人工现场操作的环节中,数据的准确性因此受到影响,且在后期对数据的分析过程中容易对数据的分析结论加入主观色彩,那么所产生的数据的有效性将大大降低。

二、国内外关于业财融合的研究

国外研究方面,国外业财融合理念最早由美国学者奎因坦斯(H. W. Quaintance)在《管理会计:财务管理入门》中提出,他在书中阐述,财务工作者应该为了实现企业价值对日常经营业务进行事前预测,并向管理者反映业务绩效情况,同时把这些信息及时地传递给具体的业务人员;不能沉浸在业务的事后监督与会计核算方面。伴随着管理会计的发展,关于业财融合方面的专著和论文在国外不断涌现。美国学者 Robin Cooper 和 Robert S. Kaplan 提出的作业成本法成为业财融合理论的基础思路。Michael Hammer 提出了通过信息技术运用来促进企业达到预期目标、提升业务效率的 BPR(Business Process Reengineering,企业流程再造)。Kaplan 等的 CPR(Core Process Redesign,核心流程再设计)理论思考研究了以业务流程为核心的再设计理念,根据企业经营过程中的组织、数据、信息、绩效等内容,进行管理梳理,提高运营效率。M. Morrow 与 M. Hazel 提出了企业流程的再设计理念,基于企业中的业务流和信息流,为了降低成本和提升质量而进行重新规划。Peter Hines 总结归纳了业务对财务影响的各种因素,并加深了业财融合,首次提出将顾客列入财务价值链管理中。George Valiris(1999)对企业中的劳动分配与职能管理进行深入研究,他提出应该通过信息化技术实现业务与财务的一体化,增强企业对竞争环境的预测性,实现业务与财务绩效考核标准的统一。基于业财融合的管理模式,再加上国外市场竞争压力日益加大,集团企业财务分散管理和简单集中化管理也无法适应新形势发展需要,经营管理层向财务提出服务质量和管理效率的要求,使财务不得不进行集中化转型升级。于是,学者们进一步深入研究并提出财务共享中心的管理模式。A. Bonfiglioli 通过对 70 个国家提供的样本数据进行研究,提出金融一体化对生产效率有着直接积极的作用。Moller 认为财务共享服务能对企业的财务成本和数据质量进行有效管理。Bryan Bergeron 提出共享服务通过标准化、专业化将不同业务单元集中到一起处理,能够实现运营成本的降低,财务质量和效益的提升。IFSS(国际财务共享服务管理协会)提出财务共享服务从市场、流程、信息平台、组织架构改革等方面进行整合梳理的一种创新财务管理模式,从而提高运营管理效率和降低成本。综上所述,我们发现财务与业务的信息是互通互融的,实现两者在企业运营中的有机结合,财务融入业务不再只关注事后核算和监督,而是主动对业务流程进行梳理,参与商业模式探讨,对经营业绩事前预测,对业务绩效进行评价反馈,更利于财务工作效率和服务质量的提升。而业务人员也逐步掌握财务管理理念,将价值管理运用在业务运营中,从而提高企业经济效益和运营效率。

国内研究方面,随着我国经济的发展,20 世纪 80 年代开始,管理会计的理念被越来越多的企业重视,业财融合的管理思路也逐步引入我国企业中。周莉认为,管理会计工作的基础和前提是业财融合,建设业财融合下的管理会计体系,是我国大中型企业的共同选择。苏林峰提出在预算管理模式中结合价值链理论、ABC 作业成本法进行业务和财务融合。王清刚等的案例研究,提出财务工作需对业务的全过程进行监控,财务工作人员需从核算型向管理型转变。马贵兰认为在目前大数据时代,企业成本、人工等原重复而又复杂的财务核算工作可以用信息系统实现,信息技术可以使财务会计的职责向管理会计过渡,财务与业务信息一体化是业财融合的有力工具。闫俊认为企业运用 ERP(企业资源计划)等信息系统实现业务与财务一体化,有效地提升了工作效率及数据准确性,同时通过管理权限设置提高了企业的管控能力。目前,业财融合在我国的应用方面主要以通信行业为首。张传平以电网企业为例,对应用的现状、问题关键点以及实施路径进行了分析,并从预算管理模式入手提出了解决方案。郭永清通过河北联通的案例分析以及对业财融合的问卷调查分析,提出业财融合可通过财务共享中心实现核算集中化,并提出目前财务人员要向管理型人才转型,提高积极性、主动性。刘宝进以唐山移动为例对业财融合的目标、方式进行了阐述,其提出财务推动企业资源匹配、风险防范的前端管理,业务人员需增强经营利润意识、主动学习财务知识和理念,以此实现企业管理水平的提升,促进企业发展。郑少波、黄顺风提出企业为实现资源整合优化,提升竞争力,需剖析其系统、架构、行业等特点,通过业财融合实现信息共享,进行事前预测、事中控制、事后反馈。2016 年 6 月财政部发布《管理会计基本指引》文件,明确"单位应用管理会计,应遵循融合性原则"。管理会计应嵌入企业各业务领域、各层次、各环节,在业务流程的基础上,利用管理会计工具整合财务和业务。我国的业财融合就是在这种管理会计发展的浪潮中产生的。综上所述,业财融合已在我国开始兴起并取得了初步的研究成果,尤其在通信行业的应用价值得到充分体现和详细阐述。国内学者刘嘉宏在《企业财务管理中的业财融合问题探析》中提出,业财融合是财务人员将企业资源根据业务运作和财务价值管理理念重新进行有效配置的过程。郭永清在研究中提到,业财融合是指企业中财务和业务为了共同的经营管理目标、价值目标而进行的战略规划、管理控制、经营决策和绩效评价,并通过一定的信息化工具实现从业务到财务整体数据信息的及时共享。龚衍在《业财融合在财务管理中的运用》中提出,业财融合为了让企业在激烈的市场竞争中获得有利地位,把业务部门和财务部门进行有机结合,由此对实际经营情况进行精确的分析评估,对经营管理进行精准的预测预警,推动业务的全面发展。综合各位学者的观点总结,业财融合是通过信息化技术把企业经营从业务到财务进行管理融合的过程,企业为了有效匹配资源,提高企业运营效率,实现精细化管理,将财务价值管理理念贯穿到企业全过程,提升财务人员对业务的洞察分析能力,实现企业价值最大化。闫华红提出建立业财一体化平台的构想,强调业财融合信息化过程中要注意对外防御性的风险管控。程平以"会计沙盘模型"为核心构建了基于业财一体化的生产活动大会计模型,将财务会计、管理会计和会计信息化三者相融合,并将业财一体化平台划分为平台层、数据层和应用层,为生产决策提供数据支撑。张庆龙将价值链管理与业财一体化结合起来，强调了价值链与价值网对企业的重要意义，从财务共享、全面预算管理、成本管理、数据分析和团队建设几方面来探索实现业财融合。周洁设计了实现业务数据自动生成的记账凭证模板，并在会计信息系统中加入事件搜索和客户搜索历史记录功能。财务共享服务则是集中跨部门跨单位的信息资源，以电子信息技术为基础，借助信息化手段实现业财流程实时对接。对于这一领域，胡婧提出财务共享服务包含一定风险，需要企业从工作质量、流程技术、系统保护以及平衡管理与服务的关系四方面加以应对。朱亮从业财共享模式角度探究，通过保险公司案例分析，表明应用财务共享平台的关键是将财务融入业务工作，并订立规范统一的业务财务流程标准。曹翠珍从供给侧改革政策出发，提出将闭环管理制度应用于财务共享领域，即对整个项目进行总结，检验成本管控效果和利润目标。信息检索技术主要是结合知识图谱技术和推荐算法模型，对大数据时代的用户数据检索需求相关内容进行分析、理解、推算、决策，并将检索结果以不同排序维度优化后专业化全面化地呈现给用户。目前学术界普遍仅针对该技术本身进行深入研究，尚少探索信息检索技术在财务专业方面应用的可能性。就技术本身的相关研究而言，郑炜提出数据挖掘技术对用户数据信息以及网页数据进行统计建模，并考虑当前的一些环境热点，发现查询用户的真实意图。宋文宾运用语义网概念来建立智能检索体系结构，推动数据中心向知识中心转变，以适应当前网络化、智能化以及个性化的需要。周伟构想出基于差分进化算法的大数据智能搜索引擎，提升了用户搜索结果的满意度。综合来看，目前学术界主要研究业财融合整体框架构想，从预算管理和平台建设等宏观视角进行探索；对于信息搜索技术方面，普遍结合网络技术和大数据算法进行技术性创新开发研究，对于将信息搜索技术运用于业财融合的研究尚不普遍。

针对业财融合的必要性方面，刘雪松在《积极推进业财融合，助力公司价值创造》中提到业财融合是企业经营管理的基本要求，是企业可持续发展的基础和财务管理会计发展的趋势，企业需积极推进业财融合，实现价值管理最大化。段君亮在《积极推进业财融合，助力公司转型升级》中提出业财融合是企业转型升级、精细化管理、提高经济效益的需要。李闻一、王嘉良在《基于"业财融合"的一体化管控》一文中指出，业财融合能推动企业实现管理提升，科学预算、核算规范的实现，并能对资金实施有效的管控，同时提高财务信息的真实性和可靠性，为经营决策提供有价值、精准的信息支持。张燕通过案例分析，认为业财融合是核算型财务向管理型财务转变的关键，是提升财务管理水平的基础，能够强化企业风险预警和防范，实现企业价值最大化的管理效益。于璐等在基于财务职能定位的业财融合措施分析中，从企业战略发展入手提出业财融合有利于发挥财务战略支撑作用，增强企业战略执行力，贯彻价值管理理念。综上所述，业财融合推动着公司转型升级，向精细化管理、价值管理迈进，更好地为业务部门提供工作服务保障，提升财务管理水平，加强财务控制监督与防范风险，是现代管理会计体系中一个重要支柱。

日常工作过程中，业务部门与财务部门的目标通常是不完全一致的，业务部门主要关注销售、质量等业绩目标的达成，财务部门关注的则是企业经营状况，而对企业价值创造的关注两者皆不够。推动业财融合，是要使业财部门统一目标、关注效益、集双方力量共同提升企业的价值创造。一方面，通过业财融合、部门协同将企业价值创造及风险管控的管理理念贯穿于企业整体价值链管理中，支撑企业经营决策和战略转型；另一方面，通过对企业原有流程的优化及改善，将财务管理贯穿到整个业务流程中，利用财务信息协助业务部门，开展事前规划、事中调整、事后评估分析，发挥财务数据专业分析的特点，推动业务持续增长。内容层现代财务管理强调以企业全局为出发点，以企业价值链中的关键价值创造领域为切入点，业务与财务深入协同合作。从企业价值链管理切入，着重对战略规划、采购管理、产品管理、市场营销、客户服务和业绩管理等内容进行深入研究。战略规划是企业经营发展的方向，在制定战略环节需充分提取财务信息，并根据数据分析预测未来的发展目标以及将企业资源匹配完善；采购管理是生产经营的前端环节，采购与财务部门对采购价格联动分析能更好地实现采购成本的降低，帮助企业创造利润；产品管理是企业经营的核心，产品需求预测、损益分析、产品生命周期管理需要业务与财务协同成立专项分析，从而打造真正具有核心竞争力的产品；市场营销需根据市场占有率、营销费用等数据，市场、销售与财务部门深度协同分析，从而提升营销费用投放的精准度和效益值；客户服务是企业销售的关键环节，提升客户满意度关系到企业的可持续发展问题，财务与销售部门需对服务质量和服务成本进行测算分析，实现效益最大化；绩效管理是企业内部管理的重要抓手，影响着员工工作的积极性，通过量化指标分析各部门的价值效益并据此进行业绩评价，将价值创造贯穿于全员管理过程中。根据新时代企业对财务发展的需要，财务管理体系需要进行精细化的分工，于是许多财务管理架构根据职责分工进行了重新梳理，建立以集团财务为主的战略财务，以业务为主的业务财务，并将财务核算类工作、标准化程度高且通过信息化能实现共享的工作交由共享财务来负责；由此，让战略财务与业务财务从烦琐的会计交易处理中脱离出来，用更多的精力去服务业务、经营分析、支持决策。现代财务管理体系底层的三个基石代表着实施业财融合的基础。首先人才培养是关键，业财融合需要既精通业务又深懂财务、税务等专业知识的复合型人才；其次是业务与财务统一的语言、统一的信息平台，实现业务与财务数据口径一致、数据信息高效共享和持续更新，需要一套财务业务一体化的信息系统支撑；最后，企业从上自下需要有一套标准化、统一化、规范化的制度和流程来支撑共享财务的实施。

三、业财融合的特点

可以将业财融合的特点总结如下。

①协同性。业财融合强调业务部门和财务部门的深度交互融合，双方需要解决语言不一致的难题，统一业财口径，达成共识。②全局性。业财融合涉及的工作范围广，影响整个企业的经营发展，其管理机制需不断完善，并同时得到企业管理层的重视和支持，在整个企业推动贯穿执行。③开放性。业财协同模式、业财融合工具方法会随企业的发展持续更新，动态变化。其内容涉及范围广，在实际运营管理中不受财务管理边界影响。④过程性。业财协同对企业影响广且深，会对企业现存运营管理模式造成影响，如战略规划、信息系统、人员分工和数据管理等。业财融合应结合企业的实际情况综合考虑、分步开展和稳步推进。

四、业财融合的作用

业财融合具体作用体现如下。

①业财融合是企业精细化管理和战略转型的重要举措。随着市场环境的不断变化，企业所面临的经营压力日益增大，原有粗线条的管理模式已不再适应发展需要，企业需实施精细化管理以及战略转型升级。业务财务可以将价值管理的相关要求融入业务管理中，为经营管理及公司战略转型提供专业化、常态化的全流程支持，促使企业实现精细化管理和战略转型。②业财融合提高企业经济效益。企业面临行业及市场激烈的竞争，向外开源，向内对成本费用效益管理提出了更高的要求，降本增效已成为许多企业管理的重中之重。通过业财融合准确反映成本费用支出，清晰揭示成本费用变化动因，引导全员树立成本费用管理意识，形成闭环成本费用管理机制，为优化成本费用管理模式提供支撑，优化企业资源配置，助力企业管理效率的提升。③业财融合为管理决策提供重要支撑。财务部门所掌握的信息是企业的价值信息中枢，所反映的企业财务状况、经营成果和现金流量都是企业决策的重要依据。业财融合通过对业务经营活动的进一步深入，使业务与财务的信息实现有机融合，集财务的专业性、业务的全面性和综合性于一体，为企业规划、决策、控制、评价提供重要信息支撑，提升企业运营效益、实现价值最大化。

五、业财融合下的财务职能

财务职能在企业中的定位随着时代的发展而变化。将财务事项分为决策支持(价值整合)、报表编制、过程控制、业务处理四类,可用财务在企业中的角色定位来诠释传统财务职能与现代财务职能的转型过程。财务管理职能受企业所处行业的市场环境和机会、内部经营管理理念及部门设置、本身的经营规模及信息化技术的运用等多种因素影响。随着我国经济的国际化进程不断加快,许多集团公司利用先进的信息技术 ERP 及管理制度实现了财务集中管理,经过流程梳理再造将重复有规律的工作职责分离出来由财务共享中心完成;有关业务管控、支持、服务、监督类的工作由业务财务提供,剥离核算类工作的业务财务有更多的时间投入到业务管理中,与业务部门融合;资金管理、税务筹划等专业性较强的工作内容由专业财务负责。财务人员在企业中职能角色定位的变化,使得越来越多的财务经理把精力投入到管理控制和决策支持上,更多地关注成本、运营效率、支持企业战略落地和决策制定,成为公司价值管理者。2010 年 IBM(国际商业机器公司)财务调研报告中将现代 CFO(首席财务官)定义为“全新的价值整合者”,即协助企业更快、更好地做出越来越多的企业级决策,使预期结果更具确定性。业财融合下价值整合型财务职能的人员要精通两个关键领域:财务效率和业务洞察。财务效率——为了降低财务运营的复杂性,提高财务效率,需在企业中实施各种通用流程以及标准化数据和指标定义,如企业的信息标准理念、标准财务会计科目表、通用财务数据定义、标准财务流程等;业务洞察——拥有出色的业务洞察力,能帮助财务人员提高运营效率、发现市场机遇,进行快速反应并最终预测商业环境的变化,主要体现在运营规划和预测能力、前瞻性分析能力、财务人员的技能提升、开发通用规划平台等方面。根据上面两个领域,将财务组织划分为四种类型:记分员、操作员、顾问和价值整合者。据统计,目前全球的财务组织类型有 33% 为记分员,32% 为训练有素的操作员,12% 为能力有限的顾问,23% 可称为价值整合者。为适应时代新需求,财务转型、管理能力提升势在必行。2010 年 IBM 财务调研结果报告,价值整合型的财务职能除了为取得卓越的财务绩效做出贡献之外,需善于帮助企业更好地驾驭不确定因素。根据 2010 年 IBM 财务调研结果,价值整合型财务在财务议程的九个方面都具有成效,这不仅体现在核心财务领域中,更体现在企业级的战略活动上。

推动整个企业内的信息整合是使价值整合型财务脱颖而出的主要因素,为满足日益增长的企业级风险管理,端到端业务流程优化等需求,财务需整合各种信息,并利用自己的分析能力从中提取见解。其次,在企业制定决策时,价值整合型财务能更全面地系统性思考,他们更重视风险管理;作为企业的闸口部门,价值整合型财务对企业级经营指标、业务绩效情况会更加重视,他们会确定各项经营指标的目标并分解到各相关业务部门,贯穿企业运营过程中进行监控。Hammer 在《再造企业》一书中对业务流程再造理论进行了阐述,他认为,业务流程再造的目的是适应不断发展的信息技术和对现代化管理手段的利用,的对企业全方位的,包括经营成本、产品质量、服务质量以及办理业务效率方面的彻底改变,构建全新的业务处理流程,从根本上提高企业的运营效率和竞争优势。到21世纪初,银行业务流程再造理论在学术界逐渐行成了一套单独的理论体系,再造按照由大到小的范围可以分为三个部分:第一部分是银行整体组织结构的再造,如进行股份制改造的国有银行;第二部分是银行组织结构内部的再造,如银行内部部门间为细化和优化职能进行的结构调整;第三部分是针对银行具体业务流程的再造,如对信贷业务流程等。近些年的业财融合研究也多从业务流程再造开始,改变以往的业务处理流程,为业务财务的融合奠定基础,再造后的业务流程将比原有流程更加适应市场的变化,对财务信息的高质量输出也起到至关重要的作用。

第二节 大数据概述

随着移动互联网、物联网、云计算等信息技术的飞速发展,数据呈现出指数级增长态势,并且在各行业各领域都有着广泛的应用,人类社会正经历着一场由大数据带来的革命,这场革命给我们生活的方方面面带来了深远的影响。无论是在我国的理论界,还是在国外的理论界,大数据都是一个新的研究问题,当前,我国在研究大数据问题时,主要从几个方面开展工作:一是站在理论角度进行研究,当前学者在研究大数据理论时,分析的内容包括大数据概念的界定、应用作用、自身特点等;二是站在技术角度开展的研究工作,主要是相关软硬件技术创新的研究;三是实践应用层面的研究,学者们从管理工作、社会现状、经济发展等方面对大数据的应用进行了深入的探讨和分析,预测了大数据的发展趋势,并对其成果进行了归纳总结。

一、大数据的定义与内涵

"大数据"一词源自美国未来学家阿尔文·托夫勒,他于1980年便在其《第三次浪潮》一书中极具前瞻性地将之比喻成"第三次浪潮的华彩乐章"。直到2008年,*Nature*(《自然》)杂志刊发了名为"Big Data Special"的封面专题后,大数据才开始在学术界崭露头角并引起世界范围关注,尔后逐渐发展成为互联网信息技术行业的热词。完整提出"大数据时代"的概念并探讨大数据在相关技术应用领域影响的是McKinsey & Company(麦肯锡,全球著名咨询公司),其在2011年发布的报告中指出,我们这个世界的数据量已经达到爆炸,分析大数据将成为竞争的基础并将支撑新的生产力增长,数据逐渐成为生产要素,人们的大规模数据技术应用将预示新一轮生产率提升和消费者盈余的扩大。自此,大数据作为先进的生产力工具迅速向新闻传媒、电子商务、公共管理等各行各业波及蔓延。从对大数据的宏观认识及其在各个行业领域的应用层面来看，不得不提的便是有着“大数据之父”之称的维克托·迈尔·舍恩伯格。他在和肯尼思·库克耶所合著的《大数据时代》一书中，跳出了传统思维的枷锁，明确强调了大数据时代对数据总体性、相关性、混杂性的独到认识，并以翔实的案例佐证了大数据给各行各业带来的前所未有的变革。同时在《删除：大数据取舍之道》中，舍恩伯格还阐释了网络社会人们“被遗忘的权利”，探讨了大数据时代人类对信息安全的隐忧。艾伯特·拉斯洛·巴拉巴西则在《爆发：大数据时代预见未来的新思维》一书中洞悉了复杂网络条件下人类行为的可预见性问题。比尔·弗兰克斯编著的《驾驭大数据》则在书中揭示了企业在大数据技术层面上操作的可行性以及大数据所潜藏的丰富商业价值。从传媒业自身发展及大数据在其生产环节的运用来看，数据新闻就是其中十分有益的探索。2011 年，由欧洲新闻学中心和开放知识基金会发布的 *The Data Journalism Handwork*（《数据新闻手册》），系统地囊括了数据新闻在全球各大主流媒体中的实践研究案例，无疑具有里程碑式的意义。尔后，由 CEN（Global Editors Network，全球编辑网）和 Google 于 2012 年首次联合颁发的“Data Journalism Awards”（数据新闻奖），成为大数据在新闻生产领域的标杆，并引发了全球关注。

近年来，随着互联网社会的高速发展，信息资料大量数据化，大数据应运而生，现代人无一不被这海量的数据包围。大数据最显著的特征就是其数据量级的庞大。常见的计算机存储计量单位，已经从 GB 发展到 TB、PB、EB、ZB、YB 等。作为一个新兴的学术名词，大数据并没有明确的定义，业内对其的观点也莫衷一是。IT 行业将之称为“巨量数据集合”。维基百科对大数据的解释是，难以用目前数据处理技术和管理工具进行有效分析的大型而复杂的数据集。Gartner Group（高德纳咨询公司）则将其定义为，基于新型加工方式以具备更强决策力、洞见力以及程序优化力来适应的大规模、高增长、多元化的信息资产。IBM 最早对大数据的特点进行了描述，后经不断演变和发展，业内如今通常用“5 个 V”来概括大数据的基本概念，即 Volume（超大的数据量级）、Velocity（高效的运算处理）、Variety（多样的数据类型）、Veracity（可信的数据来源）、Value（关联的数据价值）。可见，大数据是一个复杂庞大的数据系统，而非简单的大型数据集合。

有关大数据概念的界定，学者和研究机构所处角度不同，定义的概念也存在明显的差异。麦肯锡曾经发布了《大数据：创新、竞争和生产力的下一个前沿》的报告，并在报告中界定了大数据概念，大数据指的是在某个时期无法使用传统数据库软件收集、管理和分析的数据构成的集合。IDC（国际数据公司）（2012）定义的大数据指的是从庞大的、多类型的、多结构的数据中获得价值而开发的新技术。高德纳公司认为大数据指的是利用新的处理方式才能使流程得到优化、观察力得到增强、决策力得到提升的种类繁多、数量庞大、增长率极高的信息数据。我国一些研究人员定义的大数据是指某个描述性和技术性概念，它是难以利用过去的数据软件在短时间内整理、收集和分析的庞大数据的集合,就其实质来讲,它是云计算、物联网和互联网等多种技术相互融合的产物。按照大数据自身的特点以及理论界的定义,笔者的观点是大数据包含庞大的数据信息,数据量庞大到呈现爆炸式增长的数据量,利用传统的方法和技术难以获取、收集和整理这些数据;由于数据信息容量过于庞大,要想处理这些数据必须利用新的技术和方法,借助先进的技术方法对数据资源进行整合,确保人们可以使用这些资源。虽然大数据有复杂的结构、庞大的容量,但并非各项数据都能发挥积极的作用,所以如何开发和利用数据成为一项重要工作,人们在利用数据开展研究和分析工作后,能够获取更多的知识,不断创造价值,积极推进社会和个体的发展。大数据是近几年才出现的新词语,它是互联网社会背景下的产物,目前人们对它的认识还未上升到概念上去,只能大概地知道和互联网有关系。我们认为:大数据是指在巨量数据的基础上,利用不同的分析和处理基础,得出能够作为决策参考依据的技术资源和知识服务。

二、大数据的特征

大数据概念具有一定的抽象性特征,就字面意思来讲,它指的是数据容量较大,但是只是数量上的繁多难以体现出它和海量数据、大规模数据之间的差异。目前理论界和实务界对大数据的概念尚未达成共识,研究人员和研究机构在界定大数据时所处角度不同,定义的概念也存在明显的差异,在各类概念界定中,有一些具有代表性的定义,例如3V定义,该定义指出大数据具有几个显著特点,例如高速性、多样性以及规模性。此外,还有一些人提出了4V定义,该定义是将3V定义作为基础,将一个新特点添加到定义中,但是各类机构及学者提出的新特点并不相同,IDC公司指出价值性是大数据的第四个新特点,一些学者则认为大数据并不具有紧密性的价值,它的价值是稀疏的。

一是数量、体量大。从直观理解上来看,大数据的数据规模十分庞大。近年来,网络发展速度不断加快,利用网络发布的视频、图片、信息等不断增长,数据量已经达到ZB级别。

二是数据种类繁多。与过去的数据相比,大数据的类型非常多,这是两种数据的一个明显差异。利用多种方法和技术可收集到不同的数据,将数据类型作为依据,可将其划分为主要数据、交易数据等。将数据格式作为依据,可将数据划分为非结构化数据(如通话和短信记录、视频、图片、网页浏览记录等)、结构化数据以及结余结构化数据和非结构化数据之间的半结构化数据(如道路视频监控存储系统)。多种类型的数据中潜藏着大量可以挖掘和使用的价值信息。

三是速度快、时效性强。大数据具有时效性,该特点体现在下列方面:一是数据形成速度较快，网络速度常常以数据流的形式快速产生，在较短的时间内可形成无法估算的数据信息；二是数据更新速度较快，因此必须及时收集和获取数据，这样才能使数据发挥有效作用；三是处理速度较快，正因为大数据具有该特点，所以在数据时代必须提高处理效率，如果无法快速高效地处理庞大的数据，就无法充分利用大数据。

四是价值密度低。这一特征还可以理解为价值大，近年来，实务界、理论界和政府机关对大数据投入的关注不断增多，多个国家都将大数据作为一项重要战略。大数据之所以能够得到各国的关注，是因为它能够创造前所未有的价值，在管理等方面发挥着巨大的作用，以及帮助管理者实现资源的更加合理有效的配置，提高管理水平，减少决策失误。然而，仅以目前的技术而言，还无法高效处理海量数据，IDC 调查认为，目前全球仅有 0.4% 的数据得到分析处理。大数据的主体分类随着网络时代的发展，人们的生活在很大程度上已经网络数据化，数据经过各类数据终端、传感器收集并上传到互联网形成大数据。互联网大数据的分类存在一定的难度，数据搜索公司将数据分为用户搜索产生的需求数据和通过公共网络获取的数据；网络电商则根据商业价值分为交易数据、信用数据、商品数据等；社交网络则可以根据用户关联数据产生社交信息。利用多种数据探究公众的行为及思维方式，从中获取有关商业、文化、社会等方面的信息，进而对未来可能出现的状况进行预测。

总的来说，大数据涉及规模量巨大、类型繁多的数据，需要运用软件在一定的时间内完成相关数据集的处理，分析出可供决策参考的依据，才能体现大数据的价值。大数据数据量巨大，一般常规的数据库并不具备采集、储存的能力，且数据的类型丰富，数据来源复杂，且呈现不同的结构以及不同的媒体形态，远远不是常规数据库所能够进行管理和分析的，这就需要有强大功能的数据库才能够挖掘数据中的潜在价值，以实现大数据技术推动经济发展的作用。大数据对计算机技术的要求越来越高，且数据变化多样，对数据的及时处理便尤为重要，除收集数据外，还要对数据进行分析、挖掘，甚至需要分析出信息主体的偏好和行为模式，因此便需要对数据进行快速的、持续性的分析与处理，这样才能满足实时性的参考需求。大数据的核心不在于对巨量数据的存储和简单的处理，而是通过对这些数据进行具体的分析，然后从其中得出一些具有重要意义的信息。

三、大数据的使用主体

根据数据形成和使用主体可以将大数据分为以下三类。

(1)政府的大数据。各级政府机构拥有着海量的各类数据，构成了社会发展与运行的基础，如气象、电力等生活数据，道路交通、电子政务等公共信息数据，人口、海关、安全等管理数据，教育、医疗、金融等服务信息等。这些数据很多并没有得到有效的利用，如果将这些数据综合分析、合理管理，有可能产生巨大的社会价值和经济效益。我国城市目前正在依托网络智能构建智慧城市，而无论是智能交通还是智能医疗，都离不开政府大数据的支撑，大数据可以在多方面提供决策与智力支持。政府发挥着积极的管理作用，为使大数据得到有效应用，政府应该向个人及组织提供更多的数据，只有这样才能提高数据的使用效率。

(2)企业的大数据。企业的决策离不开数据的支持，只有通过数据分析才能避免错误决策，增加影响，开拓市场，实现利润。大数据可以为企业提供信息来源，实现差异化的产品和服务，实现精准营销。网络企业应该依靠大数据实现升级转型，传统企业在互联网企业的压力下更要谋求变革，不断实现融合推进。数据应该逐步成为企业的核心资产和企业生产发展的基本要素，数据产业应该逐步发展为贯通的数据供应链。整合运用大数据的公司将在完善产品、提供更加优质的服务、精准营销等方面具有更明显、更强劲的竞争力。

(3)个人的大数据。随着移动终端技术的发展，每个人都可以通过智能感应、穿戴设备以及各种植入芯片获取个人数据信息，如包含体温、心率、运动量等健康数据，活动路线、购物消费等社会数据。个人可以将健康信息提供给健康软件或者专业医疗机构，以便于实时监测身体健康状况；还可以将个人金融数据授权给金融理财机构，以便于制订相应的个人财务规划。

四、大数据技术研究现状

随着数字化与信息化时代的到来，全球数据量正在急剧增加。数据量的爆炸性增加，将会为我们的生活带来巨大变革。各个国家都已经投入到了对大数据技术的研究当中，数据已经变成了一种不可或缺的资源。大数据作为一项新兴技术，正在逐渐走向成熟。从一开始的大数据架构技术研究，慢慢地细化为数据采集技术、数据存储技术、数据处理技术、数据安全技术和数据应用技术等多个方面。数据存储技术是大数据技术的重要组成部分，目前常见数据存储方式主要分成两大类，关系型数据库存储和非关系型数据库存储。在传统的数据存储中，通常会使用关系型数据库，因为在数据量较小的情况下，关系型数据库可以实现复杂的业务逻辑分析。但是，在大数据时代，海量的数据都是非结构化或半结构化，所以常规的关系型数据库不能满足存储需求。基于 HDFS(Hadoop Distributed File System)的数据仓库 Hive 和数据库 HBase，可以实现海量数据的存储分析。数据处理的目的是从数据中挖出有用信息。在小数据量时，可以对数据进行大量的统计分析，并且算法的计算速度并不会影响数据处理的算法选择。但是，当数据量不断增大时，算法的计算速度、并行化计算就成了严重的制约。随着大数据技术的发展，Mahout、Spark MLlib 等一系列包含了机器学习算法包的计算框架适用到了大数据平台。大量的数据是一种社会资源，利用好可以获取无限价值，改善人民生活水平，但同时也带来了隐患，利用不好会引发一系列社会问题，其中，威胁最大的就是数据隐私和数据安全的问题。目前大数据技术中数据安全方法体现在两个方面，一个是数据加密，另一个是操作审计。数据加密可以在数据传输过程中使用简单认证或使用安全层认证框架，也可以对存储的数据块加密。操作审计即对整个大数据平台进行检查，排除安全漏洞。大数据是信息化发展的新阶段，随着信息技术和人类生产生活的交汇融合，互联网快速普及，全球数据呈现爆发增长、海量集聚的特点，对经济发展、社会治理、国家管理、人民生活都产生了重大影响。目前大数据在医疗、文化、教育，尤其在消费市场都有着极为广泛的应用。

网络社会的飞速发展和人类的大规模信息活动催生了“大数据”。人类在这个网络世界（包括传统互联网、移动互联网、物联网等）中的任何活动必然产生“足迹”，这些足迹信息以数据的形式被记录。近年来，随着可穿戴移动设备的普及和大量传感器的出现，数据积累的规模不断扩大，其总体容量已经达到人们无法用常规方法在可容忍的时间内进行有效处理的程度，成为所谓的“大数据”。如今，全球的数据量级每年在以 ZB 的规模保持增长。毫无疑问，数据的爆炸性增长预示着“大数据时代”已经悄然来临。当前，大数据已从一种技术术语演变成席卷各行各业的社会浪潮，有人将之比喻成农耕时代的“土地”，工业时代的“能源”，这足以见其蕴含的强劲生产力和巨大的商业价值。大数据在 IT 业、电子商务、自动控制等行业领域的应用可谓如火如荼。大数据的意义不单仅仅指其数据规模的庞大，而是在于这种数据的量级达到了足以引发质变的程度。

五、大数据的基本价值

如今，大数据已经成为变革生产关系进而提升社会生产力的关键性要素。言及大数据的价值，我们都避免不了从社会属性上来考量其所蕴含的巨大经济利益，“数据即资产”的观念在大数据时代显得尤为重要，围绕着“数据”这一要素衍生出来的产业链涵盖了数据本身、技术和思维几个层面。从大数据本身来看，企业占有海量数据相当于获得了未来竞争的“富矿”，这无异于控制了大量的生产资料，赢得了对数据的所有权。大数据拥有者不仅可以利用大数据资源，进行数据的二次利用，提升用户体验，完善自身的经营和服务；还可以通过数据授权，将海量数据的使用价值让渡给第三方技术公司，从而获得价值，提升经济效益。可以预见，未来不久将会涌现出大量这样的“数据中间人”，比如搜索引擎、电商平台、社交行业等。掌握大数据本身就是占据了大数据产业链的核心位置，拿金矿来做比喻,无论是其开采者还是销售者,获益最大的最终还是它的拥有者。从大数据技能层面上来看,在大数据时代初期,只有率先掌握先进的数据处理方式者才能攫取最大的商业价值。这里不得不提到的便是大数据技术与大数据人才。大数据技术就是通过技术手段"让数据发声",即从浩瀚的数据海洋中开发数据的潜在价值和创新性用途。毋庸置疑,未来相关技术在数据挖掘、数据分析、数据呈现的各个环节的垄断,足可以让诸如咨询服务企业、技术供应商、信息分析公司等成为行业翘楚。与之同时,大数据人才也会获得举足轻重的地位。如今,基于技术与数据事实得出的结论已远比传统经验指导的结果更具有说服力,数据科学家也将会替代行业专家成为未来战略决策的主导力量。从大数据思维层面上来看,大数据的价值在于思想的解放,即摆脱固有模式和既得利益的影响,重新站在顶层设计的高度来"解剖麻雀"。从方法论上来说,就是跳出小数据时代思想的桎梏,运用大数据时代的量化思维、总体思维、相关思维以及容错思维,来指导人们以一种全新的视角去认识世界和改造世界。

从思维逻辑来看,在大数据时代下,人们对数据的挖掘与分析处理能力已不可同日而语,相关行业和组织若不审时度势推进思想认识的发展,势必被市场竞争所淘汰。因此,新时期的传统行业为了赢得未来竞争的主动权,必须突破小数据时代思维的枷锁,站在顶层设计的高度进行"自我革新",建立起大数据时代的思维方式。第一是量化思维。大数据的核心认识之一是"一切皆可量化",这与毕达格拉斯学派"一切皆可用数衡量"的观点不谋而合。随着网络社会的发展与信息技术的更新,我们迈进了"万物皆数化"的时代,大数据涵盖着我们的方方面面,不仅是生产生活数据,甚至人类本身及其所处的环境皆可以被数据量化。首先便是自然大数据,其来源于人类生存环境(如地球、宇宙等)的检测,如天文数据、气象数据、洋流数据等。第二是生命大数据,来源于动物、人类本身,如基因数据、健康数据等。再次是社交大数据(包括人与人、人与物、物与物等的关系链),其来源于人类的各种生产生活活动,如消费数据、交通数据、通信数据等。"量化"好比大数据时代的"通用代码",可以用来编写、解释和翻译世界的万事万物。"数据量化"是进行大数据研究和运用的前提,我们必须首先具备量化思维,才能深挖大数据价值,进而为认识和实践创造新的可能。第二是总体思维。简言之,就是在大数据时代下"全数据"的思维模式,要求从宏观整体上来看待一切数据与事物之间的联系。不同于西方传统科学的还原论,具有寻找"始基"的传统,认为任何复杂的系统整体都可以将之化解为初始的部分来加以研究和描述,判断部分比整体更重要,只要把握了部分这一基础要素,整体系统便尽在掌控之中。由此采取抽样分析的方法来获取部分数据,以达到对社会现象"窥一斑而知全豹"的作用。该方法的可行性具有时代条件的限制,一方面,由于科学发展处于初级阶段,通过部分抽样分析就可以获得丰硕成果;另一方面,由于数据信息的匮乏使得人们根本无法获得总体数据，加之处理能力不足以应对复杂系统，科学抽样研究倒不失为一种合理的迂回方式。但在大数据时代，基于信息爆炸时期完成的大数据积累，以及数据挖掘与处理技术的飞速发展，这种部分与整体间“代表”与“被代表”的关系陡然转变，整体从“概念”发展到具有了实操的可能，如今我们完全可以做到“样本即总体”。再凭借“小数据时代”的抽样分析未免犹如汽车时代骑马。这就要求我们树立总体思维，直接站在宏观、系统、全局的角度来看待整体，研究部分，反映细节。第三是相关思维。基于数据相关性分析上的预测是大数据的核心。这就要求人们从强调因果关系中解放出来，转而去关注相关关系。小数据时代，因为各种条件的限制，人们只能在部分样本数据中探讨事物的本质，执着于现象背后的因果关系。因为供研究的数据量级有限，人们能够把握量与量之间简单的线性因果关系，进而来解释现象、总结规律。但是在大数据的时代，数据量级以几何倍数增长，扩展到“海量级”，分析出量级之间的因果关系几乎不可能。所以，复杂间接的非线性因果关系取代了传统简单直接的线性因果关系，说明大数据时代探讨相关性的价值已然高于因果性。我们无须知道“为什么”而去探寻事物背后错综复杂的原由，仅仅通过大数据的综合分析预测，知道“是什么”即可。即跳出因果思维的束缚，运用相关思维，通过大数据及其相关技术把握“关联数据”，挖掘出事物间隐藏的联系以便认知现在、预测未来。第四是容错思维。大数据时代的容错思维不再强调数据的精确化，而是承认了数据的混杂性。它包含以下几个层面的含义：首先是认同数据的多样性，即数据的存在即是合理的。如今，人们的生产生活已经离不开互联网，我们在网络空间中的各种举动随时随地都会产生丰富的数据，这些数据五花八门、纷繁复杂，没有统一的标准，但它们都具有其存在的理由与价值，这无疑突破了小数据时代简单枯燥的统一性，共同构成了大数据时代无所不包的多样化特征。其次是强调数据的平等性，结构化数据、非结构化数据、噪声数据等所有数据类型都要赋有平等地位参与大数据的“全数据”分析，这样才能构成总体数据样本来反映整体。最后是要容忍数据的误差性，小数据时代因数据样本体量有限，我们强调样本数据的准确度，以避免部分的细微误差影响整体结果。但在大数据时代下，我们需要由精确思维转向容错思维。当样本扩容为总体时，误差率随着数据体量的增大也会自然增多，这时我们为了解事物发展总体趋势，酌情忽略微观上的绝对精确，承认一定范围的错误与混杂，反而能在宏观上获得更为准确的洞察力。

第三节 大数据对现代企业的影响

在当今信息爆炸的21世纪，互联网的发展、科学技术的不断进步以及云计算技术的普遍应用都催生了大数据技术，人们被大量、动态并且持续的数据所包围，大数据时代已悄然来临。大数据市场的高速增长也给社会生活及企业的经营管理带来了方方面面的影响，进而引起了财务管理的技术变革。财务决策是现代企业财务管理的关键部分，一个准确的财务决策有助于提高企业的经济价值，帮助管理者进行决策。而在传统的财务决策模式中，企业管理者在面临着海量、烦琐的财务数据资源时可能会以偏概全，导致其无法准确挖掘数据背后蕴藏的价值，无法探究问题的真正本质，对财务数据的判断有失精准，进而影响了决策的有效性、准确性，导致企业利益无法按预期实现。因此，新形势下，为了更好地推进企业财务决策工作，企业应摒弃传统的财务决策方法，以大数据为支撑，采取新技术、新手段将财务决策与大数据相融合，对财务决策模式进行根本性改革，显露企业数据在管理会计中储藏的巨大价值，为决策相关人员提供及时、动态的公允价值消息。本节通过理论研究和案例分析相结合的方法，为企业如何改变传统的财务决策模式，如何借助大数据技术提升财务决策水平提供指导，具有紧要的现实意义。此外，结合企业的案例分析探讨了实际工作中企业应用大数据进行财务决策的方法和路径，具有非常重要的实践意义。最后，基于大数据时代下企业财务决策工作面临的相关问题提供了相应的解决措施，为企业实际财务决策工作中如何应用大数据提供了参考借鉴，具有很强的学术研究价值。

一、大数据对企业的影响

大数据时代下，首先，以结构化数据为主的财务报告已难以满足信息使用者的要求，非结构化数据对于信息使用者来说显得尤为重要。其次是货币计量多元化。大数据的出现可能会使会计的计量单位更加多元化，不再局限于“元”，而是增加时间、数量等计量单位。此外，财务报告范畴扩大化。在大数据时代，由于创新了价值评估模式，原来不能量化或者难以量化的经济资源，如人力资源，将变得更易获取。财务会计对大数据的应对上，增加对非结构化数据的利用。在传统结构化数据基础上，企业应该把非结构化数据纳入财务报告中，同时可尝试研究开发非结构化数据信息管理系统，将非结构化数据转化为信息使用者更易理解、更多利用的有效信息。提高会计信息的安全性。程平、周欢和杨周南认为，需要建立与企业自身发展相适应的会计信息安全评估机制与管理系统，定期对企业内部的会计信息进行安全程度的评估。同时，确保信息管理系统与企业内部控制制度相结合。实现核算型财务向价值提升型财务体系转变。袁振兴、张青娜、张晓琳、张晓雪指出，实现这一转变需要从客户与业务、战略和运营三个不同方面做出努力，推动企业内部信息高度整合，实现会计由“核算型”向“价值提升型”转变。

决策方式的改变，更加有利于科学化的决策。传统决策方法更多的是依赖于企业管理者多年积累的经验，这种基于主观意识的判断在一定程度上存在风险，一旦外界环境发生变化，管理者没有充足的时间应对，可能会导致决策的失败，给客户及企业本身造成或多或少的损失。而在大数据时代，企业对于财务决策的思维模式及决策框架都发生了巨大的变化，可以通过海量数据的搜集，进行下一步处理分析，提取加工后的数据中蕴含的与财务决策相关的指标被视为财务决策衡量的新标准，有助于企业进行适当的科学化决策。

决策主体的改变，促进决策者与决策相关人员的信息交流。传统的企业财务决策主体主要是企业各级领导者，虽然具有一定的权威性，但大多是依靠管理经验来做出判断的。而大数据时代，企业管理者在进行财务决策时不仅凭借多年的管理理念和管理经验，还会加以考虑市场的经济形势，即实时、公允的数据信息。例如，现在企业在发布一款新产品之前，首先需要进行市场调研，通过调查问卷、用户网页等渠道来广泛获得消费者的行为偏好、商品购买记录、品牌参与、行业所处环境等各类型数据，再经过数据的加工处理之后精准定位消费者的兴趣爱好，为财务决策提供更好的信息支持。由此可见，企业决策者要想获得精准的数据，应该积极采纳决策相关人员的数据，与社会公众进行信息交流，才能为下一步财务决策工作奠定基石。

决策质量的改变，提升企业决策者的洞察力。大数据背景下，数据在企业中已经上升到"重要资产"的地位。在企业财务决策中，企业管理者也开始放弃单纯地凭财务报表数据以及以往的经验来决定企业未来的生产经营方向，开始寻求被海量数据所淹没的真正有利于企业财务决策的信息，并逐渐意识到正确的财务决策往往与数据获取的来源途径、数据质量、数据软件的处理技术是密不可分的。因此，企业财务人员和企业各级管理者都应该积极培养从海量业务数据中洞察有意义的财务信息和有价值的客户群体的能力，提高财务数据的有效性和正确性。目前，越来越多的企业倾向于借助社交媒体来进行产品的推广，如在发布新产品信息时首先考虑在其官方网站或其微博主页上进行发布，社会公众可以通过手机、电脑甚至电视等及时查看，获取第一手信息；企业管理者也可以通过平台上与用户的互动交流来及时了解消费者对产品是否喜爱和对产品的评价建议等等，从而及时调整产品的运营决策，提出高精度、高量化、高标准的营销决策，方便个性不同、喜好不同的消费者使用企业提供的服务，也在很大程度上提高了财务决策者洞察客户的能力。

决策岗位的创新，提高了财务管理人员的专业要求。面对大数据的新形势，仅依靠企业自身现有的、传统的从上至下依赖于企业管理者直觉、经验判断的决策方法将逐渐消失，企业日渐需要一个自下而上、以数据分析为基础、以社会公众为主体的新型决策模式。这需要企业内外部人员共同来参与企业的决策，不仅仅在企业外部可以联合各个行业的精英来对企业非财务数据进行整合分析，在企业内部还可以考虑设立一个独立的数据管理部门，并成立一个新的职位——首席数据官(Chief Data Officer,CDO),也可被称为数据顾问,其主要职责是利用广泛搜集而来的数据,挖掘数据背后的深刻意义,并以此提供给企业管理者适时的意见、建议,辅助于企业决策的建立与执行。

对财务决策框架的影响方面,面对大数据时代的海量数据,财务人员首先要做的是创新企业财务分析的方法,摒弃传统的依靠经验、管理理念或抽样调查得出的财务决策推论。其次是通过对消费者的观察、分析来了解消费者行为的数据规律,将影响消费者购买欲望的关键指标与财务指标相关联,如重复购买率、客户流失率等等,并在每个月着重对这些新增的关键指标进行考核。在这一财务决策流程中,最重要的是如何采取手段将非财务数据转换成为相关的财务数据,使财务人员可以通过积极利用云计算等大数据技术,再经过数据搜集、数据处理、数据分析等一系列数据价值再创造的过程,将各种类型的数据有机融合起来,剖析其中蕴含的与财务决策相关的关系,为企业管理者制定企业决策时提供一定的支持和帮助。

传统的财务决策流程包括以下四个步骤:发现企业财务决策工作中存在的问题—探寻各个问题之间存在的逻辑因果关系—查出引起问题的具体原因和核心指标—在前三个步骤基础上综合制定解决问题的方法。从以上四个步骤可以看出,传统的财务决策方法更重视问题之间存在的逻辑因果关系,通过对因果关系的具体分析来查找引起问题产生的关键因素,从而制定相应的解决方案。而在当今大数据的时代,企业财务人员应该积极创新出不同于传统的财务分析方法,不仅分析财务报表等相对基础的前端财务数据,也应综合考虑、分析从各个渠道获取的相对后端的非财务数据,经过两者的有效结合才能为决策者提供更有利于财务决策的信息资源,继而顺应大数据时代的发展潮流,提高企业不同级别管理者和决策者的决策效率,优化企业的内部结构和企业内部信息的交流。

基于大数据的财务决策流程包括四步:收集大数据并量化分析大数据,找相关性做出问题解决方案;通过构建财务大数据收集平台,实现各种类型的财务数据的收集、处理、提取功能,并且能够做到财务大数据的一致性、准确性、及时性和系统性;构建财务大数据的云计算平台,通过云计算技术,实时处理分析财务大数据;通过数据挖掘功能找出财务大数据背后问题的相关性。大数据时代企业财务管理决策最大的变革是放弃对因果关系的探寻,取而代之重视各种问题之间的相关性。大数据环境下造就的海量数据资源使得企业可以通过社交网络、物联网等多种现代化媒介,利用财务大数据收集平台,获得与企业利益相关的各行各业的丰富数据源,如银行、政府部门、工商部门、会计事务所等,增加了不同类型的数据获取渠道和数据范围。再将数据量化分析后,借助云计算技术,对数据进行实时、规范化处理,并且通过数据挖掘,找出财务大数据背后蕴含的相关性。在这个过程中,财务人员不仅需要与企业内部各部门密切配合,也要与企业外部各个利益相关者进行良好的沟通，将各个孤立的、看似毫不相关的数据通过分析其内部存在的联系进行有效整合，挖掘其深处蕴藏的与消费者行为爱好相关联的数据。综上所述，企业财务决策过程的根本变化是在于大数据时代企业不再关注问题之间的逻辑因果关系，却开始寻求各数据与各财务指标之间存在的各种相关联系。基于这种变革，财务人员更需要放眼全局，全面考虑企业整体运营相关的财务数据与非相关数据，从而达到对企业的绩效考核、成本管控、风险管理、资源配置等各个流程全盘把控的目的，保证企业的高效运行。

大数据与技术大数据时代下，现代企业所需的技术主要有以下三种。第一是标准化的业务技能。这里的业务技能不是指提高业绩的能力，而是指将业务过程标准化以及记录输入需要的信息等能力，一般是求合计、平均值和标准差等简单的统计学知识。第二种是模式化的数学技能，是指通过分析数据研究出业务的规律性，形成企业的“模式化”技术。第三种则是IT(互联网)技术。通过IT技术来保存需要分析的数据，把数据库中涉及的项目与实际业务术语相结合。今后，通过IT技术解答公式的能力将越来越重要。大数据对市场营销的影响主要体现在以下几方面：首先是更快更低成本的数据采集。大数据时代，通过实时监测或者追踪消费者在互联网上产生的海量行为数据，整个过程不仅快，而且成本几乎为零。其次是更精细的人群划分。借助大数据技术，营销者可以无限地接近、近乎准确地判断每一个人的属性，这些属性不单单包括自然属性，还包括兴趣喜好、行为轨迹、购物经历等等。再者，把数据变成创意。大数据技术消除了创意的边界，使新的可能得以诞生，那些传统的作业模式渐渐衰落甚至消失。最后，为消费者量身定制创意。在营销传播中，可按不同用户的特性，实时“组装”不同的创意。人力资源管理的困境在于其对象是人，其专业性难以得到充分认同，因此，在一定程度上给企业带来不少难题。在大数据时代下，人力资源管理对策如下：①制定有效的人力资源管理规划。大数据时代下企业人力资源部门应该提高洞察力，根据企业自身的战略，制定与其一致的人力资源战略和规划，为企业发展提供良好的内部人力资本保证。②完善企业人员招聘。对企业而言，大数据时代下不再是通过传统的纸质化履历来获取求职人的信息，而是可以通过社交网络来查询并深入挖掘求职人的信息，更清晰地了解求职人，使求职人与职位更好地匹配。③开展有针对性的技能培训。随着大数据时代的到来，企业不仅要向员工普及大数据知识，还应该开展具有针对性的技能培训，旨在不断培养员工收集、分析、处理数据的能力。④建立和完善人才测评体系。利用大数据技术从人力资源数据库中找到隐藏的信息，协助决策人员分析数据间的潜在联系，改进和完善人才测评系统中不成熟的地方，从而有效提高人才测评的效果。

在数据驱动时代，数据被开发者们收集出来之后，还需对这些庞大的数据进行整理、分析，过滤掉无用的数据，借助专业人士来对数据进行研究并把控数据的质量，进一步提升企业财务决策工作的效率。但这方面人才较为紧缺，尤其是缺少拥有统计学和机器学方面的人，以及知道如何通过运用从大数据获得的洞见来运营企业的管理者和分析师。大数据人才的短缺也成为制约企业财务会计工作发展的重要因素。大数据时代，企业决策的制定必须以决策数据为依据，大数据研究不同于传统的逻辑推理研究，其要对数量巨大的数据做统计性的搜索、比较、聚类、分类等分析归纳，关注数据的相关性，通过构建大数据支持的企业决策管理系统，在数量众多的数据中找出某种规律性与隐藏的关系网，一般用支持度、可信度、兴趣度等参数反映相关性。只要从数据挖掘中发现某种方法与增加企业利润有较强的相关性，就可能为企业决策管理提供战略支持。数据的相关性及其对于企业决策的重要性，就从客观上要求企业管理者应顺应形势及时改进决策管理的方法。

过去是劳动力和资本决定企业的利润，现在决定企业利润的是信息，是对信息进行组合、分析、加工后形成的“知识”。企业的关键资产不再是固定资产和金融资产，而是知识资本。随着信息化大潮的荡涤，信息要素在生产和交换中的作用越来越突出。信息及其技术如同物质和能量，将单独作为社会财富的基本资源，使信息和知识、物质和能量共同作为社会财富的基本资源，表现在以计算机为核心的机器人和柔性生产技术的出现，已逐步取代人们的体力劳动和部分脑力劳动，改变了能量大量消耗和劳动紧张的局面。信息成为新的生产力要素。在现代生产中，信息在生产力体系中具有重要的意义，它与原料、机器、能源、劳动一样成为生产资源之一。信息的经济效益直接体现在生产经营和管理活动中。每个重视信息资源的单位都能利用信息资源的及时性与准确性，提高工作效率，取得经济效益和社会效益。企业决策者必须迅速分析、理解与处理情报资讯，同时迅速付诸策略性思考，调整经营的脚步，以便掌握时机，让企业立于不败之地。企业管理者更应该是调兵遣将的高手，既能善用资源，又能灵活运用情报资讯拟定未来商战的战术。情报信息的充分运用才是未来企业制胜的要素。

二、大数据环境下企业财务决策面临的挑战

企业财务决策风险意识淡薄。在大数据时代，企业面临更大的挑战与风险，对企业财务数据信息的处理、分析及反馈也提出了更高的要求。企业对数据进行披露后，若披露的内部信息与企业现有的外部信息存在着不对称、不充分等问题时，导致企业运营风险。同理，在企业的管理过程中，特别是对财务信息的管理，如果不能及时跟上大数据的发展步伐，不能及时应对变革，不能增加相应的危机、风险意识，则在很大程度上导致企业的危机。此外，很多企业在财务管理方面仍然缺乏管理意识，企业在运用大数据资源的时候，首先要建立健全企业内部的财

务管理制度,才能够将大数据资源与企业财务相关问题结合起来处理。企业财务管理意识的薄弱,不仅直接影响到企业财务的决策能力,而且对企业以后各方面的发展都产生很大的消极影响。

面对海量的数据,企业想要进行正确的财务决策首先面临的即是基础财务数据获取途径有限的问题。对于大多数中小型企业来说,其构建大数据分析处理平台的成本有限,使得企业难以获得丰富的大数据资源,但企业正常生产经营和各行业的利益相关者都密不可分,往往会涉及各个渠道的数据,造成财务数据的来源众多,但数据类型、格式各不相同,导致企业在进行下一步数据分析处理时无法兼容企业所需要的财务数据、非财务数据,使数据分析结果存在偏差,最终影响企业的经营决策。其次,当今互联网平台高度共享,数据可能会由于以下两类问题而存在数据失真的情况。以某集团为例,在电商平台上,消费者在登录网站时可能会使在输入个人基本情况信息时填写虚假信息或者两人使用一个账号甚至一人使用多个账号,这些数据如果仍被企业的数据操作平台记录下来,可能会导致用户信息失真,导致商家难以准确定位用户的爱好需求,造成数据紊乱。另外,用户在电商平台上的错误操作也有可能使信息质量下降。例如,国内某顶级电商网站在对网站进行维护或者对手机客户端进行更新升级时,可能会对客户端页面进行修改,容易导致用户对页面不熟悉而造成点击操作失误,若这些真假难辨的数据同样被记录在数据库中,那么会造成数据库数据的质量大幅度下降,影响企业管理者对于决策的判断。大数据并不仅仅意味着广泛的数据,它包括诸如结构化和非结构化等所有类型的数据。如果把结构化数据称为“树叶”,它详尽地记录了生产、交易和客户信息等企业日常的各种生产经营活动的信息,那非结构化数据可以称为“树干”,它更多地掌握了攸关企业生死存亡的重要信息,包含了音乐、视频等无以计量的非传统会计数据,蕴含了诸多提高企业效益的机遇。传统的数据分析技术主要针对的是结构化数据,但往往企业财务决策所需要的信息是数据规模庞大、数据类型复杂的非结构化数据。目前,大数据行业应用最为普遍的数据处理软件对结构化数据的运算技术已经基本成型,有其固定的处理流程,但还不能完整地挖掘、处理非结构化数据,导致无法有效地将大量结构化数据与非结构化数据进行整合,也就难以识别它们的重要程度和相关性,进而对数据的处理造成了很大的阻力和局限性。

组织架构重组是针对企业的组织架构或形式重组再造,从企业角度来说,组织架构重组是企业法人结构、治理结构与部门结构科学性、合理化的核心,由此可见,企业组织架构重组在一定程度上左右着企业的健康发展。技术重组主要是借助高新技术,重新构架企业的信息基础设施系统,建设覆盖企业内部各个部门的网络,彻底打破以往“信息孤岛”束缚,让内部部门间的信息获取更加便捷,这样会大大地提高工作效率。同时实现将内部信息系统与外部有机融合,实现内部数据与外部数据的“零障碍”结合与分析。业财融合思想的引入终究是针对传统思维的改变，对业务流程的再造也是对思维的重新塑造，业财融合最终带来的企业文化、组织、技术上的改变还是在人的行为实践中体现出来。而企业在推行业财融合时，在业务流程再造、组织结构变化的进程中面临的最大阻碍也是源于内部员工的抵触和懒惰等人为因素。由此可见，企业员工的整体素质、领导者的决断管理能力、员工面对革新时的主动性等人为因素都将成为影响业财融合实施的决定性因素。

在以往的价值理念当中，人力和资本是最重要的企业财富。但是随着大数据的发展，数据能够给企业带来的财富价值也逐渐受到重视。随着互联网和多媒体的迅猛发展，企业在日常经营过程中将产生大量的数据，企业需要花费更多精力去挖掘以获取帮助生产和销售的潜在价值，并借助对大数据的辅助分析作用，对以往企业产生的信息实现大数据的大融合，大数据的引入也对业财融合的有效开展提供了平台。麦肯锡发布了一份大数据分析的研究报告《大数据：创新、竞争和生产力的下一个前沿》，其中详述了大数据创造价值的五种方式，创建透明度信息的采集是要付出成本的，一旦能够将信息获取效率提高那么就意味着降低了成本，也说明创造了价值。大数据的引入能够更快捷地获取所需信息，从而降低搜集信息的成本。

交易数据在企业的生产经营过程中产生并储存，这些交易数据会以数字的形式储存，类似数字信息的结构化数据在企业应用已经基本饱和，但是对于非结构化数据的利用尚在最原始阶段，所以企业应尽量搜集更多详尽且无误的非结构化数据，企业对非结构化数据的利用将更能帮助企业做出最优决策。比如电商平台的限时促销活动，就是依靠分析不同时期的流量和销量，根据二者关系来制定的促销活动。

通常市场营销理论中会以人们不同的购买习惯作为分组标准，将消费者分为不同的组别。而大数据作为数据支撑将能更好地分析人们的购买行为，企业利用大数据分析的这些信息对客户的偏好、消费习惯、薪资水平等进行采集分析，并以此划分客户分类，从而根据不同的分类推出个性化的产品，以此增加企业的客户群体，实现业务的良好发展。

传统的商业活动较多地依靠人为的主观的和经验性的判断，但是此类方式也经常出现差错。伴随大数据的发展，在借助可信赖分析方法的基础上，越来越多的决策得到优化，避免了传统方式下的人为靠主观因素决策带来的弊端。在自动化算法的帮助下，决策行为被优化，商业活动的目标价值能够被最大化实现。大数据最革命性的变化就是带来了商业模式的创新。企业能够借助大数据创造新产品，并提高服务效率，再或者是对原有商业模式的彻底变化。在医疗保健方面，通过对病人的临床行为数据分析，大数据在医疗保健领域得出了利润率最高的项目——预防保健，同样在医疗领域，大数据能够降低医生因错误、反复、过度治疗而发生医疗事故的概率，从而使医疗成本降低、医疗工作效率提高，医疗质量也得以改善。在金融行业方面，国内最为显著的例子就是近些年支付方式的发展，通过大数据对客户消费信息的追踪以及客户消费习惯的分析研究，催生了快捷支付的出现，同时金融的快速发展，实现了针对客户电子信用的记录统计，并针对客户信用额的状况实现快速放贷和免租金借物的互联网金融模式。另外，在挖掘潜在客户方面，大数据能够通过计算分析采集的信息，对银行潜在高端客户进行挖掘，同时利用大数据的计算能力，也能够为银行客户提供个性化产品。在零售行业，将大数据技术应用到零售领域的供应链方面，可以降低企业运营成本，帮助提高零售业利润率。麦肯锡的报告还给出了一些被大数据影响的经济领域的情况。大数据对个别行业已经产生了巨大影响，例如涉及互联网的企业，这些企业每天需要处理他们的在线用户提出的各种请求，同时将这些数据存储起来；由于电子产品频繁地更新换代，期间产生的数据也会迅速被更替，同时该类企业也拥有一般企业很少拥有的先进高新技术，为大数据的展开研究奠定了硬件基础，这为此类行业对大数据进行深层剖析提供了良好的环境。而对于证券、银行、保险业等金融业的企业，客户能够产生大量的消费信息和资产信息状况，只要采用一定的数据分析技术和算法处理这种数据，深度挖掘以此对客户进行细分，也将获得巨额价值。相比而言，有些行业对大数据的利用就显得略为困难，主要是数据获取的困难性，以及产生数据的独特性，不建议使用大规模的数据分析。

第二章 大数据背景下业财融合的必要性

业财融合是大数据时代的必然产物。大数据时代的到来,拓展了财务及业务管理的范围,大数据可将现有的业务与财务数据结合起来进行深度挖掘和剖析,整合数据,帮助财务人员更好地进行决策和管理,提高效率。大数据时代,企业财务管理工作迎来了新的契机,业财融合的步伐也在持续加快,将业财融合理念应用到企业内部管理中十分必要,大数据背景下业财融合的实施,可以帮助企业实现自身价值最大化的目标。

第一节 提升企业管理水平的需要

随着大数据时代的到来,企业迎来了更多发展机会,同时也面临着各种挑战。企业只有适应潮流,积极改变,才能做到持续发展。

一、提升财务人员素质的需要

随着社会经济的发展,当今社会竞争是人才的竞争,传统的财务会计已经不能满足企业财务管理的需要。当今企业需要的会计人才不仅仅是进行会计核算,还要参与企业的预测与决策。这就要求财务会计人员着眼于自身发展,提升专业能力和业务能力,从传统会计人员向管理会计人员转变,以满足当今企业发展的需要,助力企业财务转型。企业财务人员熟悉企业的经营情况,通过收集丰富的财务信息来确保财务预算、决算、核算的正确性。以此有效降低企业投资风险,让企业赚取更多利润。同时,财务人员通过熟悉企业业务流程,更好地服务于企业业务决策。实施精细化管理,帮助企业更好地分析解决问题。

企业加强财务部门与业务部门的沟通和合作已经迫在眉睫,财务人员必须提高借助自身熟悉的数据进行沟通的能力。财务人员在与业务人员进行沟通时,可以依据相关的数据给予支撑。针对业务人员的误会或不理解,财务人员可以提供相关的数据进行解释,这会增加沟通的便利。财务人员通过数据证明部门人员不仅仅在衡量企业的价值,也可以为企业创造价值。由于财务工作的专业性较强,财务人员使用会计专业术语进行业绩分析或者业绩汇报时,业务人员较难理解,尤其是在企业的报销环节,这些问题都体现出进行业财融合的必要性。在大数据时代背景下，财务人员充分利用大数据分析企业决策的合理性，可以对企业决策进行更为精准的预测，有效减少效果不佳的营销策划方案，提高企业经营效率，加强企业经营管理，为企业带来更高的经济效益。

二、大数据发展的需要

大数据发展迅速使数据成为企业甚至国家的战略性资源，大数据技术对经济发展、国家治理产生重要影响。我国紧紧抓住时代机遇，积极探索大数据的应用，《国务院关于印发促进大数据发展行动纲要的通知》(简称《纲要》)显示，我国在大数据发展和应用方面已具有一定基础，拥有市场优势和发展潜力。运用大数据技术推动经济发展、完善社会治理等正成为全球趋势，而我国一些地方政府相继运用大数据，积极促进大数据技术发展，鼓励企业运用大数据进行经济和企业转型升级。《纲要》中制定了大数据发展的主要任务，其中“推动产业创新发展，培育新兴业态，助力经济转型”是行业和企业发展与运用大数据技术进行转型升级的重大机会。因此，大数据背景下财务转型已经成为企业发展的必然趋势。企业财务转型可以通过优化资源配置、完善风险防控、加强成本管理等方式，不断为企业创造更高的价值。首先，对于集团企业来说，跨国子公司和工厂遍布全球，各国之间经济交流越来越密切、越来越频繁，各地区财务处理的速度和效率各有不同，严重影响了集团的整体效率，企业财务转型迫在眉睫。其次，财务转型有利于企业实现规模效应，增强企业竞争优势。最后，财务转型还可以弥补传统会计的不足。传统会计将公司财务体现在报表上，各个部门之间对报表的理解和掌握程度并不相同，每个部门难以掌握企业整体情况，部门之间相对离散，在处理工作时不能更好地协作。实现财务转型，能够更好地帮助企业实现战略，帮助部门深入企业发展，使集团子公司加强协作。

三、业财融合的需要

企业经营管理的重要目的之一是追求价值的最大化，而企业财务管理是一种价值管理，是通过对生产经营各个环节的价值分析与管理控制来实现企业价值最大化。在企业实际的财务管理工作中，若是不能与业务工作建立起紧密联系，则多种信息无法及时、准确地反馈至企业的财务管理部门，这些信息包括市场变化信息、企业经营风险信息、运营与业务成本信息、生产要素信息等。在这样的情况下，无法确保企业内部的资源得到最大化利用，资源配置科学程度有待进一步提升。站在这一角度来看，引入业财融合是企业的必然选择，是提升企业经济效益的现实需要。业财融合是财务为业务工作提供服务的需要。在财务管理工作中，需要充分了解企业经营生产对财务管理提出的现实要求。实践中,若是财务管理人员未对企业的业务展开情况、现实需求充分掌握,不能了解所有财务数据中蕴含的业务内容,则难以为企业的业务活动展开提供更好的服务与支持。除了要了解业务工作现实需求之外,财务管理部门还需要明确自身可以为企业的业务活动展开提供何种服务、与业务工作有何种协作要求等。而业财融合的实现能够达到上述目标,促使财务管理真正地为企业业务活动的展开提供服务保障。现阶段,企业的经营规模呈现出不断扩大的趋势,所面对的经营风险性因素更多,且更多集中于财务方面。从这一角度来看,企业财务管理工作承担着风险的控制、监督、防范职能。实践中,推动财务管理向业务活动中延伸,推动财务管理与业务工作协同运作是必然选择。总体来看,在业财融合的支持下,企业经营管理的效率和效果明显提升,业务监督管理工作升级,对风险的防范力度、效果也表现出大幅上升的趋势。企业面对的市场竞争压力越大,对财务管理提出的要求越高,此时,财务管理的重心逐步转向为企业提供决策支持,保证企业所有的业务决策更为科学合理,维护企业的市场占有率与市场竞争能力。然而,就当前企业财务管理的实际展开情况来看,财务管理工作尚未实现上述目标,其自身具备支持企业决策的作用没有得到最大程度的发挥。造成这一问题的重要原因在于企业的财务与业务之间尚未深入融合。在这样的条件下,企业财务信息的实际利用率偏低,没有为企业形成科学合理的业务决策提供支持。换言之,只有深入推动企业财务管理与业务工作的有机结合,才能够强化财务管理工作的决策支持地位,保证企业始终在正确的发展道路上前进。依托业财融合,财务管理部门的工作侧重点更为明显,可以对业务数据信息展开深入分析,以此为企业做出正确决策提供参考意见,保证企业业务展开方向的正确性。

四、管理会计转型的需要

随着互联网的发展,大数据已成为这个时代重要的特征之一,大数据涉及各行各业,对传统企业更是带来冲击,在这种冲击下,企业的发展也迎来新的机遇。对于财务会计而言,大数据时代带来的智能化发展使得财务会计的一些基础性工作已经可以交付给智能信息平台甚至是机器人进行处理,因此财务会计不得不向管理会计的要求迈进,寻求业务与财务上的融合,进而促进管理会计的转型。首先,其有利于解决传统财务管理模式的弊端。大数据时代带来了信息技术提升,传统财务管理模式的弊端正在逐渐显现出来:企业的财务运作成本不断增加;集团管控难度增大、风险增加;财务部门忙于烦琐的会计核算、对企业战略的支持不够;企业财务数据的分析对财务人员的依赖程度高、与业务略微脱节带来的风险增大;等等。在大数据时代下,信息传递的速度越来越快,企业财务数据的及时更新可以有效解决传统模式较为分散的问题，因此进行业财融合有利于解决传统财务管理模式的弊端，使企业能够更好地对业务、部门等进行管控。其次，其有利于财务会计向管理会计转型。大数据推动了“互联网＋会计”的创新融合与发展，衍生了智能财务共享（集团企业）、云 ERP 集成（中小企业）、智能云会计（小微企业）的具体大数据技术应用，财务会计的传统核算职能逐渐被替代，现在以及未来企业需要的是集预测、决策、规划、控制与评价为一体的管理型会计，而业财融合正是财务会计向管理会计转型发展的一个契机。

业财融合是企业将财务与业务联系在一起的新型会计管理方式，是现代企业财务管理转型发展的方向，利用高效的技术方式，把企业的财务工作和业务工作捆绑在一起，有助于信息的实时共享。利用核算会计的核算结果和在一线抓取的业务数据，去预测、预算、分析、决策、控制、评价，帮助业务部门达成目标，使管理会计的触角延伸到每一个重要的业务部门。它也能改善目前很多企业财务人员就数据论数据、脱离业务、滞后于业务、不能支持业务的现状。业财融合是企业前进发展的有利管理形势，业务基于财务的基础上，财务再优化业务，使之成为发展企业的必要因素。财务管理决策需要很多真实有效的数据才能展开工作，因此，财务对数据应用，应当将业财融合从业务发生阶段，向前延伸至计划预算阶段，向后推进至检查考核阶段，以此实现全过程的业财融合。业财融合真正实现了管理会计从理论指导走向企业落地实践，传统管理方式已然不能适应现代企业的经济发展，企业只有合理有效利用大数据带来的优势，管理水平才能进一步提升，企业才能提高自身的竞争力，为企业转型升级提供保障。在进行传统管理方式的改变时，企业必须具备较完备的会计体系支撑，实现有效的规划管理。开展业财融合工作，一般需要企业转变传统、老旧的思维观念和行为方式，才能更好地完成企业战略目标、优化资源配置。只有业务与财务真正结合起来，企业才能更好地发挥管理会计的作用，强化决策，提升营运管理水平。企业将价值引领的财务语言作用于信息传递和控制节点的各个环节，从而达到提升财务风险管控的能力。因此，企业财务要面向业务提供价值服务，对数据进行有效整合与应用，按照业务需求输出数据结果，建立基于业务视角的财务敏感度，使业财融合成功转型。随着业务和财务的深度融合，将更好地发挥管理会计在企业战略决策和运营管理中的支撑作用，也会进一步提升管理会计在企业中的应用水平，为企业创造出更大的价值。

第二节　强化风险管理的需要

一、风险管理要求重视数据分析应用

大数据背景下，企业想要更好地实现业财融合，需要高度重视数据分析应用，进一步提升对于风险管理相关数据的挖掘和分析能力。具体来讲，一是应该做好风险管理相关数据的深入挖掘工作，财务数据作为企业经营活动成果以及财务状况的直观反映，能够为企业管理工作的开展提供参考依据，通过业财融合，企业能够对自身风险管理相关情况进行全面分析和应用，准确把握自身的偿债能力、营运能力和运营风险，从而做出科学的决策；二是在开展大数据挖掘分析的过程中，不仅应该关注财务数据与业务数据的融合，也应该关注风险管理相关数据，要求财务部门借助专业的财务管理信息系统，把控好企业经营活动中产生的各类业务数据，运用科学的数据分析方法，对财务数据和业务数据以及风险管理相关数据进行分析，提升财务数据所具备的决策价值；三是应该合理利用大数据分析结果，围绕业务数据、风险管理相关数据等，做好风险变化情况的分析和研究，同时也应该结合财务数据基础来分析风险管理情况，通过有效的数据分析，进一步加强财务活动与业务活动的联系，促进业务活动顺利开展。

在实施业财融合时，风险管理工作贯穿于业务过程始终，将财务工作与经营业务结合，就会发现企业生产经营过程中每个部分的成本配置、订单信息、质量评价等，将及时、准确地反馈信息给财务，对产品的未来发展情况、业务市场开拓预期等进行了解，能有效地防范风险。传统会计的核心功能是对已发生的经济数据进行统计和分析，如通过对企业一定会计周期内资金流动情况的决算来对企业这一阶段的经营状况进行总结及分析。随着市场竞争激烈程度的不断加剧，单纯的汇总、总结很难满足企业需求。基于此，管理会计应运而生，管理会计的核心是在传统会计基础上，将会计结果用于企业治理，如对于绩效体系的构建等方面，从而达到提高企业管理质量、拓展企业管理工具等目的。现阶段，管理会计已经成为企业会计制度体系的重要环节，并在实际应用中取得了丰硕成果。近年来，业财融合逐渐进入会计实操领域。业财融合主要是指在业务开展的全过程引入会计，通过实时的会计数据对业务的开展进行监控，并结合会计结果对后续业务的方向进行调整，从而达到有效提升企业运行效能的根本目的。业财融合的主要优势体现在三个方面：第一，实时的会计数据能够为企业业务开展提供更高维度的指导，能够随时发现业务运营中所存在的问题，并给出解决方案；第二，会计的提前介入提高了企业业务运营中的合规性，在成本控制、行政效率、业务水平保障等方面提供了助力与支撑；第三，业财融合能够对企业绩效、状态监管、业务评价等管理工具进行进一步的补充，弥补传统企业治理体系中的不足，并切实提升企业决策层对于具体业务开展的了解程度与控制力度。由此可见，在企业中施行业财融合的会计管理制度势在必行，也是提升企业核心竞争力的关键所在。

二、风险管理具有重要现实意义

业财融合作为大数据发展下的新型财务管理方式，风险管理对企业内部的资源配置和价值创造具有重要的现实意义。首先，基于大数据技术和财务共享中心将业务活动与财务活动中的风险管理有效结合，使财务部门的职能由原来的事后会计核算及监督转向事前业务以及对风险进行预测与把控，促进财务职能的升级转型。段君亮指出业财融合使财务资金的运用和核算渗入到企业业务经营活动的全过程中，通过信息共享、沟通与反馈，使企业实现精细化、高效率的管理方式。其次，业财融合机制使财务管理活动延伸到业务经营活动的全过程，实现财务资金管理对业务经营活动的全程监督与核算，有效规避业务活动中的潜在风险、确保企业业务活动的安全性和价值性。李天骄认为业财融合能够加强企业内部对固定资产和流动资金的动态管理和控制，准确把握管理薄弱点，减少预算决策和业务经营层面的安全风险。最后，业财融合使财务部门与业务部门信息互通，及时了解市场信息和业务状况、改进业务活动的经营目标，是提升企业价值和竞争力的有效手段。张传平指出财务与业务的融合使财务工作人员发现报表数据背后隐藏的业务逻辑，了解企业的业务经营流程与资产配置需求，围绕业务部门的经营目标进行价值分析与管理控制，提升企业价值和竞争力。

三、大数据技术为风险管理提供技术支持

大数据是互联网发展到一定阶段的产物，大数据技术在各个领域中的广泛应用，为其在风险管理方面的发展提供了技术支持。大数据技术在风险管理中的应用，大大提高了财务等相关管理部门的工作效率，同时改变了会计的工作职能，包括传统的基础性会计工作（比如入账、出账、报税等）向财务数据分析、财务数据挖掘、为业务部门服务等。业财融合就是让财务部门与业务部门融合，能更好地让财务部门进行数据挖掘，更加科学有效地分析数据，转变企业会计的工作职能，为企业的发展与决策提供可靠的财务分析报告，同时大大提高了工作效率，保障了工作质量。企业在发展的过程中追求利润，这是企业发展的根本，业财融合有助于企业利益最大化。实现企业价值最大化是企业经营的终极目标，需要充分发挥财务这个核心部门的作用，财务管理部门负责企业资金流的使用，对企业的发展

决策起到重要作用。业财融合拓展了企业财务管理部门的工作范围，让财务管理部门了解业务部门的工作过程，同时也能充分了解市场需求，及时调节企业的生产规模，同时可能有计划地进行转型。企业的发展需要遵循市场规律，市场是企业生产的调节杠杆，业财融合突出财务管理部门的核心作用，对降低企业投资风险，让企业在激烈市场竞争中处于有利位置都起到重要作用，业财融合这种新型财务管理模式是现代企业快速发展的结果，同时也是社会发展为现代企业的发展提出的新要求，符合现代企业财务管理部门的需求。业财融合有利于财务会计向管理会计的转型发展。大数据技术在财务管理部门的应用改变了企业会计的工作方式，一些财务会计的基础性工具完全可以利用财务软件完成，同时节约了人力、物力与财力，提高了工作效率，保障了工作质量。现在企业需要的是懂预测、会决策的管理型会计，业财融合有利于财务会计向管理会计的转型发展。在大数据背景下实现了财务一体化，通过财务管理软件对企业各个部门的信息都可以进行监控，比如订单信息、质量评价、市场行情等，这些信息对企业财务部门的财务预算、企业财务的预测能起到重要保障作用，现在企业财务管理部门不是简单的记账等问题，而是要为企业的发展与决策提供可行的财务分析报告，这是企业可持续发展的核心因素。财务会计向管理会计转型是现代财务管理发展的需要，同时也是现代企业发展的必然结果，业财融合有利于财务会计向管理会计的转型发展，也加快了财务会计向管理会计的转型。

大数据时代，想要实现业财融合，就需要借助大数据技术，做好财务和业务活动流程的整合。一是应该对不同业务管理系统进行整合，包括业务管理系统、成本管理系统、物资管理系统、财务分析系统等，在各部门与业务部门之间，构建起通畅的信息对接渠道，为实现财务共享服务奠定坚实基础；二是应该进一步加快企业内部财务和业务流程的融合，对财务组织结构进行调整，对会计组织结构进行优化，确保财务人员能够参与到业务流程中，为业务决策的制定提供支撑，同时，企业也需要在业务执行环节，赋予财务人员更多的管理权限；三是应该立足企业整体价值导向，重塑财务管理流程，进一步提高业财融合的深度。大数据时代，以先进的信息技术为支撑，企业管理人员可以实现对所有业务活动的全程监管，完善的信息系统能够实现对业务实施情况的自动追踪管理。针对不同业务系统中的不同数据，企业应该建立起统一的结算中心系统，对数据标准进行统一，生成相应的财务报表，为企业经营管理决策提供支持。大数据背景下的业财融合工作对于企业财务风险管理有着更加严格的要求，企业需要运用内部信息管理系统以及数据分析系统，建立起完善的财务风险管控体系，提高对财务风险的管理能力。应该针对财务风险管控工作，建立起现代化的财务风险控制管理制度，将大数据的信息安全管理凸显出来，实现对内部数据流转及共享中的数据泄露、数据损坏等问题的规避和防范。财务数据是企业财务人员根据企业已经发生的交易或事项进行记录、计量和报告的，虽然财务数据显示了业务活动的结果，但是无法揭示企业业务活动的具体实施过程。这一现象使得财务数据无法分析企业具体的业务活动的效率，无法给予管理层企业业务活动层面的决策支持。因此，财务人员要提高财务数据决策支持度，必须将财务数据与业务数据相融合，在向管理层提供分析报告时，不仅仅局限于数据结果的分析，还可以提供业务经营活动的决策支持。一般情况下，企业的 IT 部门可以获取业务数据，财务人员可以加强与 IT 部门之间的配合，采用一定的数据分析方法将财务数据与业务数据进行结合分析，增加财务数据的决策价值。目前，国内大型国企均已开始采用业财数据融合的分析方法，通过对财务数据和业务数据进行可扩展商业报告语言的标签化处理进行融合。具体来说，财务风险管理人员在获取业务数据后，可以采取的数据融合方式有两种。一是以业务数据为基础分析风险相关数据的变动。财务人员需要统计企业发生的业务量变化数据，研究企业损益与业务量之间的关系，可以帮助企业实现盈利。二是以财务风险管理数据为基础分析业务数据。业务活动的开展离不开企业资金的支持，而财务部门需要合理筹划资金的来源，规避风险，同时确定最合适企业发展现状的资本结构，进而促进企业业务活动产生更大的效益。因此，企业业务活动与财务部门是紧密相连的，通过分析企业业务活动的变化也能发现财务活动的变动情形。

第三节　实现企业利益最大化的需要

从企业的角度分析，其无论是开展各类经营活动，还是参与市场竞争，都是为了实现自身价值的最大化，这也是其开展财务活动的基本目标。首先，以大数据技术为依托，企业能够加快业财融合的速度，将市场经营活动中产生的各种业务数据全部归集到财务部门，确保财务人员能够及时掌握企业经营状况，也可以将提取出的财务数据与业务部门共享，实现对于企业资源的优化配置。其次，业财融合理念能够推动企业财务会计向管理会计转型。以往企业财务管理工作中，采用的都是以核算为主的财务会计，但是在新的发展环境下，财务会计已经无法适应现代企业经营和管理工作的现实需求，以业财融合为支撑，企业财务信息的真实性和准确性大大提高，使得财务人员能够更加精准地对企业发展状况进行预测分析，实现财务会计向管理会计的转变，进一步对企业决策模式进行优化，以此来实现参与市场竞争能力的提高。大数据背景下，业财融合可以说是企业财务发展的一种必然趋势，而借助大数据技术的合理运用，企业财务管理工作的效率可以得到显著提升，会计管理职能也会发生一定变化，财务管理开始从原本的基础性会计工作如记账、报税等，朝着业务部门管理以及财务数据挖掘等方面转变。业财融合的应用，能够实现财务部门与业务部门的融合，通过更加有效的财务数据分析，为企业经营与发展决策的制定提供财务分析支持，促进其财务管理水平的提高。

业务融合有利于实现企业价值最大化的目标，而实现企业价值最大化正是企业经营的终极目标，需要充分发挥财务这个核心部门的作用。业财融合有利于财务会计向管理会计的转型发展。核算型财务会计已经不能适应企业的快速发展，懂预测、会决策的管理型会计才是企业发展的助推器。大数据下实现业务财务一体化，既可以随时掌握成本配置、订单信息、质量评价等信息，实行精细化管理，保障会计信息的真实准确及时效性，实现精准预测、决策，又可以及时了解业务的市场开拓及产品的市场份额等信息，精准把握市场，有效防范风险，提升企业竞争力。

一、大数据对企业财务管理的影响分析

大数据时代，企业经营发展过程中大体量、类型繁多以及动态化的数据技术在企业内部管理中的系统应用，对企业整体财务管理有很大影响。第一，企业面临的财务管理环境发生了较大变化，传统的财务管理模式下，企业经营活动过程中的财务数据主要是运营系统所产生的各类的静态化的结构化数据，而大数据技术则可以通过数据挖掘实用技术，为企业提供动态化的实时数据，并通过这些数据的研究分析以及科学运用，直接服务企业管理层决策，提高决策的科学性。第二，企业财务管理思维理念出现变化，大数据时代财务数据容量扩大，要求在企业内部的财务管理开展过程中，除了做好传统的财务数据信息的使用，还应该注重对企业非财务信息的分析管理使用，利用大数据技术更加全面客观地反映企业内部的资金流活动、经营活动情况等，改变企业的财务管理决策模式。第三，企业的会计职能出现变化，在以往会计核算模式下，企业会计职能主要分为核算职能和监督职能，主要是财务会计核算、资金结算、财务会计报表等基础性的财务会计工作，在大数据时代由于各种信息化智能化手段的应用，能够将企业的财务会计工作人员从以往繁重的工作中解放出来，在服务企业业务活动开展以及财务管理决策方面发挥更重要的作用。第四，企业的财务管理组织架构出现变化，在大数据时代，企业的财务管理工作将会进一步细分，预算会计、总账会计、费用会计、往来会计、报表分析会计、税务会计等将会进一步分解，不仅企业的财务管理工作流程需要进一步优化调整，同时企业的财务会计岗位设置也需要调整完善，需要对财务管理岗位设置等进行全面优化。

二、在企业内部应用的必要性分析

大数据在企业内部的应用为企业的财务管理带来了新的机遇，同时也进一步

加快了业财融合理念在企业内部的深入应用。首先,业财融合理念有利于促进企业价值最大化发展目标的实现。对于企业来说,开展经营活动根本上还是为了实现企业的价值最大化,这也是企业财务活动的基本目标要求。在大数据时代,通过加快推进业财融合在企业内部的应用,能够将企业在市场经营活动中的各项业务活动数据及时归集到企业的财务部门,因而财务部门也可以随时掌握了解经营信息,并通过财务数据资源的分析提取,以及与业务部门之间的信息沟通共享,更加科学合理地配置企业内部的资源,促进实现企业的战略发展。其次,业财融合理念有利于加快企业的财务会计逐步向管理会计转型,以往的核算型财务会计已经难以适应现代企业经营管理发展的需要,对于现代企业来说,更加注重管理会计在企业内部的应用。通过在企业内部加快应用业财融合理念,尤其是企业内部财务会计信息的真实性、准确性和时效性的大幅提升,能够帮助企业进行更加精准的预测决策,也更有利于企业掌握决策信息,优化决策模式,进而促进提升企业的市场竞争力。最后,业财融合理念是大数据时代企业财务发展的重要趋势,大数据技术在现代企业内部管理中的充分应用,尤其是在企业内部财务管理中的应用,较大程度地提高了企业财务管理的工作效率,实现了企业财务会计管理职能的创新转变,推进了企业财务管理从以往的出入账和报税等基础性的会计工作,逐步转向为财务数据挖掘分析以及业务部门管理服务。业财融合理念在企业内部的深度应用,同时还为财务部门与业务部门之间的融合,财务部门更加科学有效地进行财务数据分析,获取可靠的财务分析提供了更加直接的途径。

知识型经济时代,企业之间的竞争由原先的资源竞争逐渐转向人才竞争,此时,企业想要在激烈的市场竞争中脱颖而出,应重视大数据相关复合型人才的培养。传统财务管理模式下,企业业务管理系统与财务管理系统独立设置,系统之间缺乏联系,难以实现数据的有效对接和共享,容易引发较为明显的信息孤岛问题。以大数据思维为支撑,配合相应的业财融合理念,企业可以构建起完善的管理会计框架,框架中应该包含战略管理、全面预算管理、成本管理、投融资管理以及绩效评价管理等内容,为大数据背景下的业财融合工作的开展提供良好支撑。在企业财务管理中,传统的财务会计已经无法满足当前的管理需求,会计人员的转型成为发展必然。业财融合下,为满足企业管理需求,会计人员不仅要提升自身专业能力、业务能力,还要拥有分析预测和决策能力,从而提高企业财务管理水平,推动企业财务顺利转型。在企业经营投资中,为有效降低投资风险,财务人员必须对企业的经营情况了如指掌,并利用信息技术收集海量财务信息,保障信息资料的准确性,为科学的经营投资决策提供支持,提高经营投资的准确度。同时,财务人员对业务流程的掌握,能够更好地为业务决策提供服务,实现财务与业务的精细化管理。由此可见,业财融合,为企业落实精细化管理提供了途径。企业落实业财融合,需要将财务管理贯穿业务开展的全过程,实现财务工作、业务经营的有机融合。而该种情况下，财务人员能够准确掌握企业生产经营管理中的成本分配、订单情况、产品质量等，并及时将精准的信息反馈给管理决策部门，以便准确预测产品未来情况、业务市场拓展情况等，提升企业内部控制水平，有效预防各项风险。

三、业财融合打破管理会计工具之间的信息孤岛

传统管理会计中的工具方法在使用的过程中是独立的，但是在大数据时代背景下，用户需求越来越追求个性化，营销成本不断增加，要实现企业精细化管理，提高经济效益，就要求企业将业务与财务进行有机融合，业务驱动财务，财务支撑业务，二者高效协同，打破管理会计工具产生的信息孤岛，形成一体化的信息链条，使得各模块之间互通互联。业财有机融合的过程中，对信息质量提出了更高的要求，不只是分析业务信息和财务信息，还要对各部门的业财信息进行整合，提高了企业的精细化管理。例如，对业务流程进行科学合理的分析后，将所得信息及时反馈至财务部门，财务部门在熟知业务的前提下，提供的财务数据就能够集中反映价值增值的信息，而不是单纯的报表数据。大数据环境下的业财融合，业务活动提供数据，财务部门分析整合数据，业务数据与财务数据相结合获取有价值的信息，掌握市场动态，完善市场活动，为决策者提供及时准确的战略信息，加强对战略决策的支撑作用。

四、业财融合促进财会工作的转型

大数据时代的高速发展以及大智移云的实现，让财务管理的工作不再是单纯的记账制表，而是扮演着为企业经营提供可靠决策信息的角色，财会工作的转变是企业发展的必经之路，业财融合有助于财会工作快速转型。首先，在业财融合的前提下，财务人员能够对企业相关信息有实质性了解，为决策层提供科学合理的信息，财务人员如果充分了解作业流程、资源耗用情况，依据真实的业务数据，可以做出更加符合企业发展的预算，提高了管理效率。其次，信息技术的进步，为企业提供了先进的财务软件工具，大幅度节省了人力物力财力，企业缺少的是管理型人才，业财融合则能促进财会向管理会计转型，加速财务一体化，利用财务软件对企业数据进行监控，加强企业的内部协调。

传统的财务部门进行经营分析，往往无视外部环境影响，认为经营分析就是找出并报告差异。而业务部门的思想多集中在业绩考核指标的层面，较少站在企业整体利益角度考虑综合绩效的提升。要解决上述问题，企业应准确分析和把握价值创造模式，推动财务与业务等的有机融合。把财务工作和业务工作结合起

来，就是“业财融合”。经营分析绝不仅仅是成本、预算、绩效，而应该与战略、预算对接，反映战略实施和预算执行情况。

大数据背景下，企业财务转型已经成为趋势，业务和财务不能再作为单独的职能工作，实现业财融合，有助于企业提升管理能力，提高业务处理效率。因此，进行财务转型，要转变财务管理思维，先从企业高管开始，接受财务转型的理论知识，改变想法，主动学习大数据知识，自上而下推行财务管理转型的概念。以某集团为例，该集团在业财融合过程中，进行组织变革与财务转型，建立了财务共享中心，实现了业财融合。大多数研究都认为通过信息系统平台建设的财务共享中心是其进行财务转型的基础。作为拥有众多子公司的集团企业，其在国内外各地都建立了分工厂和子公司，每个公司也相应建立了财务部门，但是子公司和分集团由于管理与组织不同，信息数量巨大且分散，不利于企业集团的共同治理，因此建立财务共享中心对各个子公司的财务信息进行集中处理，保证了信息处理的实效性与准确性。基于财务共享中心实现业财融合的集团，利用管理方式辅助集团完成业务和财务的高效处理，优化了人员和组织流程。集团不仅自己实现了业财融合，还利用信息技术开发的财务信息化系统服务包向小微企业出售，帮助没有实力自主研发信息系统和会计软件的小微企业实现业务财务管理。企业实现业财融合，利用平台统一业务流程，才能向管理会计转型，更好地管理和配置资源，为企业实现更多价值。

第四节　顺应时代改革的需要

当下，数字经济已经无所不在，数字经济正在不断地重塑企业生态，中国信息通信研究院发布的《中国数字经济发展白皮书(2020 年)》显示，2019 年，我国数字经济增加值规模达到35.8 万亿元，占 GDP 比重达到36.2%。同时，多国共同发起的“一带一路”数字经济国际合作倡议，促进了“一带一路”沿线国家数字经济的交流与合作。数字经济的快速发展及数字经济国家战略的实施，需要企业通过有效的数字化转型，快速适应数字经济新生态、新模式。同时，数字化转型加速产业融合，金蝶对20 亿以上企业数字化转型的调研表明，中国企业的信息化已经步入深度融合的新阶段，数字化转型已经为企业新共识。

一、大数据重塑企业财务人员

大数据时代下，大数据不仅促使企业进行财务转型，也对财务人员技能提出较高要求，除了掌握必要的会计理论知识，还要掌握电算化知识和技能，培养财务管理型会计人才。财务人员不再进行简单的会计核算工作，不断增多的会计工作和会计核算由平台完成,不仅统一了业务流程,还实现了减少成本的目的。因此,实现财务转型要从财务人员转型开始。会计核算工作已经由财务共享平台完成,财务人员从烦冗复杂的会计工作中脱离出来,减少了会计人员的工作量,所以财务人员不能只掌握核算技能,还要具备相应的财务管理技能,学会分析数据,增强管控能力。财务人员要不断扩大个人格局,从流程化的业务中脱离出来,要看向业务本身,从业务财务出发,比如利润如何实现最大化,预算是否合理、是否得到有效执行,公司的决策有没有脱离企业本身的实力和发展方向,成本是否得到有效管理和实施,战略目标有没有和公司发展路径相一致等问题。因此,除了企业招收管理会计方面的人才之外,还要加强对管理型会计人员的培养,不断加强会计人员培训,鼓励企业会计人员积极参加会计讲座,主动学习管理会计知识,帮助财务人员掌握必要的管理会计工具,为实现财务转型巩固基础。

过去,信息技术只是被视为信息基础设施的实现技术。现在物联网、大数据、云计算、移动互联网、人工智能、区块链等新的技术则被视为企业赋能技术,新技术正在重新为企业的资产、设备、组织、人员赋能,从而使得数字化技术成为数字化商业的核心元素。所以,各个行业都需要筹划,如何在企业运营与管理的各个环节,实现与数字化技术的深度融合,理解数字化技术对原有业务的赋能原理、赋能方法,将数字化技术这个全新的生产要素的融合、创新价值发挥到最大。物联网进入平台化发展阶段。物联网是实现对设备、物质进行数字化赋能的关键技术。物联网在企业的应用,正从单纯的设备与设备连接(M2M),发展为对资产的智能化赋能。物联网的演进正在从物物连接发展到泛在感知、认知计算、预测分析。基于物联网终端的边缘计算模式正在快速创新物联网的商业模式,物联网的普及正在从设备、网络向平台化方向发展,工业物联网平台正在成为各行业新旧动能转换关注的焦点。云计算成为数字化转型的必备选择。数字化转型的技术方案几乎都离不开云。云计算日益成为从物联网到企业数字化平台的主流技术选择。财务数据是财务人员对企业当前财务状况和经营成果的数据描述,财务人员应该充分挖掘财务数据的内涵,充分利用财务数据。首先,企业可以通过对财务数据的分析,及时发现企业财务指标反馈的问题,预测企业可能出现的财务困境,从而,为企业的健康运营保驾护航。其次,企业的经营状况直接影响企业的经济效益,因此,企业管理层非常关注企业的经营状况。初始的财务数据只是对整个公司的基本运营情况进行分析,不能直接观察经营结果,因此,财务人员必须对财务数据进行财务分析,可以通过指标计算分析企业偿债能力、营运能力和盈利能力等具体运营状况,便于管理层直接了解企业目前的经营效率。目前各行各业都已经意识到大数据时代带来的机会,企业纷纷开始热衷于运用大数据进行分析企业的各项活动。财务人员作为企业数据的处理者,应该在大数据分析中发挥关键性的作用。首先,财务人员应该学习各种大数据的收集方法,不仅仅局限于企业内部,也可以收集到与企业相关的外部数据。其次,财务人员需要使用数据分析方法对初始数据进行加工处理。最后,财务人员要将分析结果进行如实汇报,企业管理层可以依据分析结果合理调整企业的发展重心,同时,也可以为业务部门提供努力的方向。大数据分析结果主要可以应用在以下方面。

二、数字化转型重塑企业竞争

优势调查显示,创新商业模式,重构核心竞争优势是企业数字化转型的核心驱动力。20 亿以上营业规模的企业,普遍在寻找通过数字化转型实现企业新旧发展动能转换的有效途径。在企业关注的未来核心竞争优势中,商业模式本身并不能给企业带来持续的竞争优势,同时,单项能力的数字化转型也不能给企业带来竞争优势,比如在线销售、传统电商或生产智能化等等单一解决方案都难以给企业带来可持续竞争优势。企业要通过数字化转型构建核心优势,需要从新模式、新业态、新生态进行全面的顶层设计,实施全面的数字化转型方案,确保数字化能力的全面提升。

在当前的大数据时代背景下,企业进行业财融合必须学会利用数据,通过数据实现更高效的沟通。企业在发展过程中需要确立一家标杆企业,不断学习标杆企业的经营管理或者资本利用等,逐步向标杆企业的水准靠近,最终赶上或反超标杆企业。在企业运用这种标杆企业管理法时,最重要的就是对标杆企业的选择,只有确定合理的标杆企业,企业在模仿或学习时才不会事倍功半。之前,大多数企业缺少数据支持,只能在较小的范围内进行选择,往往无法找到与本企业最为匹配的标杆企业。在当前的大数据时代背景下,企业可以通过大数据分析自身的相关数据,从而在全球范围内寻找最为匹配的标杆企业,还可以明确分析出当前与标杆企业之间的差距,方便企业针对差距进行更合理的决策。企业可以收集所有公司的业务数据、财务数据以及其他非数据信息,将这些海量信息利用大数据的变量分析模型进行分析处理,正确判断企业发展状况,提高财务预警的准确性。企业各项业务的开展必然会发生各种成本费用,成本利用是否合理,是否达到预期的收益,这都是企业非常关心的问题,直接影响企业的效益,所以,企业都建立了成本控制制度进行成本控制。

过去几年里,企业数字化转型蓬勃发展。数字化转型的企业基本都经历了企业管理信息化建设的初级阶段,信息化管理能力已经具有一定的保障。企业数字化不是为了建设传统信息化阶段的记录系统(System of Record),而是为了通过信息化技术升级原有的客户交互、业务运营、商业运作,因此数字化转型的需求聚焦在实现业务数字化的执行系统(System of Engagement)。因此企业对数字化转型的需求,更多的是对业务能力数字化的需求。当前,中国企业数字化转型的需求具有以下特点。①数字化营销是企业数字化的战略首选。新媒体、新终端、新交互模式为中国企业数字化营销提供了丰富的手段。中国企业的数字化营销正在替换传统的线下营销，通过客户需求在线感知、在线交互、实时互动、在线直播、AR、VR等多种创新营销模式，社交网络、移动化、云服务、大数据、信息图谱成为数字化营销的创新手段。②数字化客户体验是企业数字化的核心诉求。数字化时代，消费者的数字化体验期望前所未有地被激发出来。企业渴望通过数字化转型，优化客户洞察，建立动态的客户画像，基于实时大数据把握个性化客户体验，创新产品交付和服务模式，通过C2M（用户直接制造）个性化制造模式，C2B（消费者到企业）个性化交易模式更好地满足客户需求，数字化客户体验正在成为行业数字化升级的核心驱动力。在大数据时代下，企业也可以通过大数据分析进行各项成本核算，分析每项成本数据的合理性与必要性，为企业的成本控制提供更有效的降低途径。确定绩效评价的标准。为了激励员工工作的积极性，如实评价员工的工作状态，确定公平合理的绩效水平，企业都制定了绩效评价体系。但是，在实际执行过程中，难免出现绩效评价不到位等现象，大数据时代的到来可以改善这一现状。企业可以通过对员工工作的效率、完成每项工作的时长、浏览的网页、与客户沟通的情形等各种信息的分析处理，选择更为合理的评价指标，增强绩效评价的意义。实现数据可视化沟通。良好的沟通方式会直接加强沟通效果。数据可视化是指借助图形、图像处理，计算机视觉以及用户界面等图形化手段，对数据加以可视化解释，从而清晰有效地传达与沟通信息。利用数据可视化进行沟通，可以使数据更为直观地呈现出来，便于对方理解。目前已经有较多数据可视化软件，财务人员可以通过学习软件掌握数据可视化的方法，以增强财务人员数据沟通的能力。数字化运营同时也是企业数字化最薄弱的环节，数字化运营是企业数字化转型最为重要的挑战，传统的信息化孤岛在数字化时代成为新的障碍。数字化运营的核心需求体现在通过高度集成的数字化管理平台所建立的数字化营销、数字化研发、数字化生产、数字化服务流程，建立横向集成、纵向集成、端到端数字化的全新营销体系，并基于互联网、云计算建立可视化的生产指挥平台、柔性生产控制平台、开放产业协同平台。工业互联网平台、智能工厂、智能设备，包括机器人流程自动化（RPA）等作为数字化影响的基础，在企业内部得到前所有未有的重视。基于新的数字化运营环境，ERP（企业资源计划）升级换代正在加快，企业正在重新构建基于云计算、大数据的全新运营模式。数字化产品与服务是企业数字化的创新焦点。从智能产品到共享单车，每个行业都在经历数字化产品和服务的全新升级。3D打印、物联网、云计算等技术为数字化产品的研发、设计、生产、营销、服务提供了全新的手段，产品全生命周期的价值链正在全面升级，以满足大数据、社交化、物联网时代的产品与服务个性化体验的需求。③数字化商业模式是企业数字化转型的终极需求。数字化商业模式是企业在数字化转型中讨论最多的话题,数字化转型的所有问题几乎都会回到商业模式创新的问题上来。根据金蝶的观察,当前中国企业数字化商业模式创新的九大趋势特别明显,也是中国企业在国际舞台上凸显竞争优势的关键,分别是产品与服务个性化、全价值链网络化、全价值链社交化、消费模式共享化、客户体验智能化、生产制造智能化、客户需求感知和响应实时化、产业链协作生态化、供应链全程绿色化。

大数据是数字化转型的核心,金融、电商、工业都成为大数据应用的热门行业,大数据的应用领域比较广泛,无论是智能制造,还是智能物流、智能营销,大数据都是实现智能化的基础。运营型分析是目前各行业对大数据最为普遍的应用,其次是客户分析和客户体验改进。但大数据在企业内部最为重视的价值是企业创立基于大数据的商业模式和风险管控。基于大数据的商业模式创新已经随处可见,未来所有数字化转型的企业都需要建立大数据存储、处理和分析平台,率先建立大数据平台的公司将获得明显的智能化领先优势。移动化成为企业数字化转型的起始点。2017 年以来,根据金蝶 KBS(商业咨询服务)对数字化转型客户的调研,90%的客户会不假思索地将企业移动化办公、移动化审批、移动报表和决策等移动工作平台视为企业数字化转型的起点。不仅企业办公快速移动化,企业产品研发、采购、仓储、生产、销售、服务等业务移动化也已经非常普遍。移动化彻底改变了企业内外的连接、沟通和协作方式,同时也重新定义了管理,重新定义了组织。

AI(人工智能)将成为企业数字化商业能力的重要实现技术。AI 技术因其复杂性,曾经很遥远,但在今天大数据、云计算、机器视觉、深度学习日趋成熟的情况下,人工智能已经成为 CIO(首席信息官)需要考虑的重要技术。区块链技术将成为数字化转型的下一个颠覆性技术。绝大多数企业 IT 人员对区块链技术并不熟悉,但是区块链是未来数字化转型的一个重要方向,也是物联网、云计算、大数据、人工智能之后下一个重要的颠覆性技术。企业现在需要关注未来的基于区块链的交易模式、可信机制与现在的方式可能并不完全一样,区块链交易网络的去中心化意味着企业与客户回到了原始的一手交钱、一手交货这种实时交换模式,这是数字化技术给商业模式带来的一次重大变革。

第三章　大数据背景下业财融合的现状与困境

"业财融合"作为管理会计的新方向,对企业运营有着积极作用,得到企业的重视,并且做出尝试,但随着大数据的发展,业财融合过程中诸多问题亟待解决。

第一节　大数据背景下业财融合的尝试与探索

大数据海量的、来源渠道多样化的信息资产,早已渗透到商业、科技、医疗、教育等多个行业。因为其价值可以被循环利用,大数据成为企业重要的战略资源。事实上,融合了大数据技术的管理会计在企业的资源配置上发挥了巨大作用,为管理层对企业当前和未来的经济活动进行预算预测、资金统筹、税务筹划等提供了更多可能。大数据时代市场的动态变化万千,企业面临的风险不断增长,面对越来越激烈的市场竞争,企业要想以最短的生产周期、最低的制造成本、最高的产品品质,生产出顾客满意的商品来赢得竞争,就得采用大数据技术,实现人力、物力、财力等资源的有效利用,促进业务流、资金流和信息流"三流合一"。在业务流方面,应用 ERP 系统通过物料需求计划、采购管理、生产管理、销售管理等功能,逐步实现对公司内部业务系统之间的数据高度共享和信息流的充分融合。在这一链条上,管理会计工作的重点是关注产品设计与制造、生产集成化计划、跟踪与业务流程再造等。在资金流方面,通过 ERP 建立财务管理信息系统,使财务核算所需的资金流信息从采购、生产、销售环节的业务执行中直接获取,提高了信息的相关性和准确性,从而实现对资金流的控制。在这一链条上,管理会计工作的重点主要关注资金流的流量(数目)及流速(资金的转移时间),了解在各个链条上的成本水平,以及是否会发生资金流的断裂。在信息流方面,随着数据在价值链的流转,企业将关注原材料的来源信息,核心资源的模仿与抢占,客户的集群分布,产品的使用信息等问题。基于数据信息的管理,决策层不仅能了解结果,还能了解过程,实现企业内部的高质量发展。在这一链条上,管理会计工作的职能将变为数据的搜集、统计、分析和整理,给企业发展提供合理的运营数据。

一、大数据背景下业财融合的现状

在大数据时代背景影响下,不管是在医疗层面还是在教育层面,都给不同的经济发展领域带去了效益。数据作为企业发展的重要辅助工具能在不同情况下为企业创造价值,为企业决策提供依据。正确分析利用数据所带来的信息使企业针对消费者需求进行生产,挖掘并满足多样化的消费需求,从而达到提高销售效率的目的。大数据有着对数据的控制作用,能够为企业财务部门与业务部门提供丰富的信息资源,受先进技术影响,企业数据的整理及存储都会有清晰明了的研究进程,通过数据分析优化产品项目结构,降低成本。

当前,资源共享平台已经成为大数据时代最重要的组织形态。在该模式下,前台业务能够更敏捷、更快速地适应灵活多变的市场,资源共享平台能够支撑灵活的业务创新实现技术赋能与业务赋能,其本质在于通过资源能力整合与共享服务实现企业资源价值最大化,通过对企业内部有效资源的运用,进而提高资源的利用效率,完成资源协同效应。企业在利用资源共享的时候,基于大数据层面运用先进信息技术,以此实现资源共享,随着共享平台的构建,各业务部门的数据实现了共享,在数据共享的基础上,企业间相互营销便成为可能。企业通过大数据背景下的现代信息技术,大范围利用和开发信息数据资源,不断改进生产、运行、管理、决策的落后形式,从而提高企业在市场上的经济效益,提升竞争力。

二、大数据背景下业财融合面临的问题

企业在大数据背景下实施“业财融合”面临着诸多问题。①信息安全治理。目前一些企业虽然已经制定完成了有关信息安全的方案,但大部分企业没能随着市场变革及时修订,现今信息技术发展速度不可预估,原先缺乏时效性的信息安全方案就会存在一系列问题。而企业一旦遭受攻击,将会导致系统瘫痪、网络阻塞、数据丢失等诸多问题影响企业健康发展。受大数据影响,信息安全已经是企业关注的重点,现如今用户都越来越注重信息安全问题,一旦用户数据泄露,就会对这个企业的信任度急剧降低,从而造成不可挽回的企业信誉度问题。②提高信息技术水平。企业信息化与电子业务是密不可分的,企业信息化是开展电子业务的基础,企业信息化落后将会制约企业的发展方向。③加强会计管理意识。管理会计可以帮助财务人士利用掌握的财务管理新形式及技巧,帮助企业管理人员实施更为合理有效的企业决策,以此更高效地完成企业战略目标和解决实施业财融合管理过程中出现的问题。有些企业对会计管理工作重视程度尚且不够,没有制定统一规范化的标准,管理会计实施理论与具体实际存在脱节现象,使企业管理高层对管理会计有着不同的实施看法,导致不同的信息资源与系统无法有效对接。内部管理中不同部门的分工是为了企业更加有效地完成不同任务工作,它能够保证企业的良性发展,但这种分工也会给企业运营带来不利影响,各部门之间互相独立,存在着沟通不畅的情况,大大增加了管理运营成本,这样就限制了企业

的发展。

三、大数据背景下业财融合的思路

大数据的到来让企业可以利用科学技术带来的数据资产追求价值最大化，作为企业提升价值的核心——财务管理部门，如能以大数据时代的硬件、软件环境为基础，将数据资产有效运用，充分发挥数据的价值，可以使企业根据数据信息适时调整业务活动，辅助决策者做出合理的商业决策，以此有效优化市场业务环境，降低企业的成本费用与财务风险，实现企业资源的优质配置，进而提升企业的价值。需要明确的是，企业的运营离不开大数据的支撑，大数据是为了辅助企业完成具体的任务，帮助企业提升资源整合，具备在激烈的市场中竞争的能力。大数据并不是孤立存在的，是全面参与企业运营的技术，数据本身不是目的，如何应用数据才是目的。因此，企业要想充分发挥大数据的作用，必须全方位建立大数据思维。

(1)扩大储存空间。对于任何企业来说，谁能够占有不断更新的数据，谁就有可能在复杂多变的市场竞争中立足。传统的管理会计所需的信息基本来源于企业内部的经营管理活动，且以计算机程序更容易搜寻的结构化数据(如企业 ERP、财务系统等)为主。然而随着数据的爆炸式发展，信息资源在一定程度上可以得到共享，管理会计所需要的数据既可以从企业内部的业务活动中获取，也可以从企业外部的社交网络中获取。另外，管理会计获取的数据类型复杂，既包括各种结构化数据，也包括广泛存在于互联网、物联网之中的非结构化(如医疗影像系统、教育视频点播等)或半结构化数据(如邮件、档案等)，并且非结构化数据和半结构化数据在企业决策中所发挥的作用越来越大。管理会计所需的数据既包括文本内容，也包括音频、视频、图像、通信、地理位置等多媒体内容。这些都需要企业拥有庞大的数据仓库，而传统存储介质几乎无法储存和处理 TB 级别以上的数据。但是，目前大部分企业的数据库仅能存储结构化数据，并且在对数据存储前，需要经历数据的预处理、分析等较为复杂的步骤，不利于提高企业的工作效率。缺乏基于大数据的业财数据库。业务部门作为业务端能生成最直接的真实可靠的业务数据库，而财务部门作为事后核算部门，仅能通过办公软件获取间接的数据，做进一步加工，形成自身的数据库。多样的办公系统软件形成了多样数据口径，口径及标准不一致难以形成真实完整的数据库。且两部门各自分享各自的数据，并没有将数据结合起来，形成相互融合的决策数据系统。大数据时代下的业财融合需要现代信息技术数据库的助力，全面融合分析业务部门与财务部门的数据，既可以提高数据的利用率及分析价值，也可以更好地进行财务预测、决策，帮助企业更好地发展。

(2)提高信息利用效率。大数据库完成数据的收集和存储后,需快速完成数据的价值"提纯",找寻数据与数据之间的关联,挖掘和提炼出管理会计所需要的有价值的信息,这迫切需要一系列方法对海量的数据进行专业化处理。传统的数据处理方式需要先将数据从数据库中调出,经历收集和整理之后,再通过使用者对数据信息再加工,才能提炼出有价值的信息。传统分析技术只能处理结构化数据,很难有效地对非结构化数据加以分析。非结构化数据只有被转化为结构化数据才能得以分析进而被利用,但这一过程往往会削弱信息的时效性,一旦在转化的过程中出现错误,将会影响数据处理结果的准确性,也会造成大量的数据损耗和资源浪费。

(3)保障信息安全。企业收集的信息中往往包括用户信息、公司商业秘密、财务数据、重要业务信息等大量数据,一旦泄露,很可能给相关各方造成困扰。

(4)吸纳人才。管理会计服务于企业的经营决策和价值创造,大数据能够为管理会计人员提供决策所需要的信息,但前提是管理会计人才吸纳需要具备财务会计、管理会计等专业知识以及一定的统计分析能力,能够使用数字技能对大数据进行分析和处理,并帮助企业在复杂繁多的数据中发掘有用的信息。在数字经济时代,对数据统计与分析的管理会计人才的需求日益增长。

在业财融合一体化建设中利用大数据技术能够大大提高会计信息质量,进而提升业财融合效率。企业通过大数据技术可以在业财融合模式中建立统一的财务管理信息平台,进而最大限度地提升各业务部门财务管理信息的真实性和完整性,并促进各业务部门财务管理流程的规范性。大数据技术的应用使企业在业财融合一体化中的会计信息真实性和透明度得以提升,进而有助于财务资源更好地配置到关键业务活动中,减少财务资源的错配。同时在业财融合模式中构建完善的财务管理信息平台,有效规范了各业务部门人员的业务活动和财务活动,保障了企业整体经营效益,同时促进了财务部门和业务部门之间的信息传递和交流合作,增加了财务部门与业务部门以及业务部门之间的经营管理活动的一致性。企业通过大数据技术建立统一的财务信息平台,使业务与财务的融合更加有效,大大提升了各业务部门经营管理目标的一致性,增强了各业务部门在资金收支、成本控制、预算管理等财务管理活动方面的规范性,保障了企业的整体利益。在业财融合一体化模式下,应用大数据技术不仅能够建立贯穿企业各业务活动、覆盖各业务部门和人员的财务信息平台,而且有助于增强企业财务风险防范能力,提高企业各业务部门财务管理活动的一致性。大数据技术在业财融合一体化模式中的实施能够增强企业决策者的财务信息获取能力,减少财务部门和业务部门的财务信息不对称程度,进而促进企业财务管理决策更加科学、合理,使业财融合模式的构建能够有效增强企业财务风险抵抗能力,并减少企业财务资源和经营资源的浪费,保障关键业务活动的顺利开展。同时,大数据技术在业财融合一体化中的应用，有助于企业财务管理部门将各项资源聚焦在关键业务上，保障重要财务资源能够配置到效益最高的业务活动中，有利于企业准确抓住市场机遇、占据市场份额、提高经营效益。另外，企业通过在业财融合一体化模式中应用大数据技术，还有助于及时发现和防范有可能出现的各种潜在财务管理问题，进而帮助财务部门及时构建财务风险预警机制，优化财务管理制度和流程，并实现对各业务部门的财务管理活动的全面控制，进而降低财务风险发生概率，使企业的业财融合模式更加灵活、开放，能够有效应对外界市场环境变化。

第二节　增强企业的业财融合意识

在企业的发展过程中，业务部门与财务部门需要建立共同的目标，提高企业抗风险能力。

一、树立财务人员业财融合意识

业财融合是财务、业务和技术的融合，这就要求财务人员不仅要熟悉财务，还要熟悉业务和技术。如果企业的财务人员停留在核算阶段，缺乏数据挖掘、数据分析、信息构建的能力，将会限制业财融合在企业财务管理中的运用。此外，由于医疗行为是获取数据结果的依据，企业的财务管理人员还要具备较强的沟通能力，熟悉业务，才能更好地通过数据分析指导财务管理工作。现代企业在发展的过程中，财务部门较少参与业务流程。一般情况下，财务部门主要参与付款与事后审核，相对缺乏信息共享，这样财务部门的风险监控不能起到较好的作用。业财融合需要管理会计参与业务流程全过程，事前预测、事中控制、事后服务等环节，这样管理会计能掌握业务流程的全过程，为企业管理会计对企业的预测、决策起到重要作用，发挥企业财务管理部门的职能，保障企业可持续发展。

二、明确业财融合的技术基础

业财数据库是数据分析的基础，业务部门与财务部门需要建立统一标准的数据库，数据信息实现共享，为管理会计进行数据分析提供基本的保障。财务部门与业务部门数据信息共享，建立统一的业财数据库，可实现财务管理部门对数据分析的全面性、完整性、科学性，能更加科学地对企业财务进行分析。现在多样的办公系统软件形成了多样数据口径，口径及标准不一致难以形成真实完整的数据库。企业各个部门需要统一标准，建立接口一致的数据库系统，让企业各个部门信息实现“一体化”，有利于财务部门进行深度数据挖掘，提供科学的财务分析报告。

大数据时代下的业财融合需要现代信息技术数据库的助力，通过全面融合分析业务部门与财务部门的数据，既可以提高数据的利用率及分析价值，也可以更好地进行财务预测、决策，帮助企业更好地发展。大数据背景下，企业的业财融合的实现需要建立业财数据库，业财数据库是管理会计分析数据的基础，也是企业的业财融合的重要标志。大数据背景下的业财融合为企业会计的发展提供了机遇和挑战，加快了企业会计的转型工作，企业也需要积极推进企业会计转型，让一些优秀的财务管理人员加强大数据分析方面的学习，能熟练利用现代财务管理软件进行数据分析，通过财务管理人员综合素养，为大数据背景下业财融合全面实施起到人才保障作用。

三、把握业财融合的关键点

由于缺乏复合型财务人员，导致企业难以进行专业财务团队建设，从而增加了业财融合具体操作方面的难度。业财融合并不是简单地把业务和财务进行结合，业财融合应用在到达一定程度或阶段后，基于业财融合理念下的企业财务管理和业务活动的开展都将出现一定变化。许多依靠传统财务人员负责相关的具体业财融合事项，难以有效处理业财融合有关工作，不只限制企业业财融合的进程，同时导致业财融合有关资源出现不同程度的浪费，业财融合出现停滞不前的问题。

创建自有数据库。大数据背景下的企业业财融合对数据具有较高的依赖度，如果企业没有自有数据库，业财融合也就难以顺利开展。大数据背景下的业财融合需要科学分析和应用数据，在充分应用数据的情况下，依靠数据的纽带和连接作用，将企业财务和业务有机整合。但是部分企业并没有意识到数据的财务管理价值和业务活动开展辅助性价值，也就没有意识到建立自有数据库的重要性。在没有建立自有数据库的情况下，企业进行的数据收集、管理以及综合应用工作便无法在业财融合的工作中发挥作用。

统一业务目标和财务目标。业财融合并不是财务向业务或业务向财务单方面的整合，如果当企业财务目标较高时，企业在设置业务目标时不能确保和财务目标保持一致，将无法实现业财融合。

建立沟通机制。业财融合的具体应用对企业内部的财务部门和业务部门具有直接影响，当企业财务部门和业务部门之间缺乏有效的沟通时，企业内部管理框架也难以充分发挥作用。一般而言，企业业务部门和财务部门是两个平行运转的职能部门，开展财务管理工作具有较高的独立性，业务部门和财务部门的内在联系在财务部门这个基本特征的影响下容易被割裂，因而难以实现业财融合的基本目标。

目前,多数企业在日常的经营管理工作中,尚未将业务工作与财务工作相互融合,难以满足业财融合的发展需求。首先,企业在设定业务与财务工作目标的过程中,尚未相互沟通交流,没有按照相互融合的需求设置完善的工作机制,部分企业虽然已经开始重视业财融合,但是设定的业务目标单纯地向财务目标“投靠”,不能确保二者之间的有机融合。其次,实际工作中尚未制订完善的业财融合工作计划,难以结合时代发展需求采用大数据技术将二者有机整合,不利于企业的长远发展。

大数据技术在企业财务管理部门的应用,加快了业财融合的实现,财务会计向管理会计转变是符合现代财务管理发展的需要。业财融合让财务管理人员参与业务流程,促使财务人员对企业更加了解,能为企业提供更加准确的财务分析,能充分降低企业的经营风险。财务人员掌握业务流程能更加掌握市场前景、业务成本等方面内容,对提高企业的经济效益起到重要作用,为财务的分析、企业的发展决策提供更加科学的财务分析报告,这是企业可持续发展的关键因素。

业财融合是现代企业发展的趋势,但要实现业财融合必须实现业务财务目标统一,建立“一体化”的工作体制,这样能充分调动职工工作的积极性,制定科学的财务管理制度,在企业发展的过程中发挥财务管理部门的职能,让财务部门能更加科学合理地为业务部门服务,争取企业利益的最大化。

构建基于大数据的业财融合团队。企业的快速发展,人才是关键因素。大数据技术在企业财务管理部门的应用是社会发展趋势,信息技术是加快企业财务管理改革的重要技术支持,也是财务会计向管理会计转型的重要依据。业财融合是一种新型财务管理模式,加快了会计的转型,同时需要大量懂业务、懂分析、能决策的复合型技术人才。因此,企业构建基于大数据的业财融合团队符合现代企业业财融合发展的需要。

第三节　加强业务与财务之间的沟通

一、业务与财务系统之间存在信息壁垒

很多企业由于业务系统与财务系统之间存在着信息壁垒,导致企业各部门缺乏有效沟通。各部门的数据不能够及时有效地流通共享,是业财难以有机融合的主要原因。财务报表数据是静态的,业务部门的工作人员无法通过数据获得市场的最新动态、实际的经营问题等,尤其在以用户价值为核心的大数据新常态经济下。而业务部门提供的信息不能第一时间反馈给财务部,信息的滞后所带来的后

果就是决策有所偏差，同时生产活动中的非财务数据也未能得到充分利用。财务部门在进行经营活动分析时，数据来源单一，侧重于对结果的分析，忽视经营过程，数据缺乏整合。企业所需的决策信息，应该来自财务信息和业务信息融合流通后的整合数据。业财融合作为管理会计内容，是为企业内部服务，由财务部门负责组织开展，其他部门积极配合的一项工作。但是业务部门作为前端，未积极参与业财融合，参与企业业绩评价的程度不深。首先，业财融合会使业务部门的工作内容增加，同时会改变业务部门的工作方式，而企业财务价值的提升对业务部门的影响不明显。并且企业财务价值管理，很可能使业务部门的不足逐步显现。由此业务部门参与业绩评价程度不高，有待提升。在构建专业化业财融合团队时，首先，领导者要在财务部门挑选具有塑造性的人员，并加以培训，提高他们的业务水平，并增强其自主学习意识，促使其不断提升自身综合能力，最终成为优秀的业财融合人员。其次，以高薪待遇、明朗前景等吸引社会优质业财融合人员，不断壮大业财融合团队力量，为业财融合的有效实施提供人力保障。最后，企业管理者应重视业财融合团队的建设，并为人才培训工作、人才引入提供资金保障，促进业财融合的团队建设。如此，在专业性人才建设的基础上，推动业财融合发展工作顺利实施。

二、制定统一目标对业财融合具有重要意义

业财融合，即业务经验和财务管理之间有效结合，有利于实现资源优化配置，提高企业经济效益。但是，在实际业财融合过程中，仍存在一些问题，制约了融合步伐。对此，制定统一的目标，对于业财融合落实具有重要意义。在大数据时代，业财融合工作想要得到全面落实，业务和财务部门需要构建标准统一的数据库，实现数据信息共享，为管理会计的有效开展提供保障。但是，在企业实际运行中，通常是业务部门生成业务数据库，财务部门利用办公软件得到处理后的财务数据，在处理加工之后，成为财务数据库。缺乏统一的业财数据库，导致各部门的数据在自身内部流转，并未实现数据共享和充分利用。对此，各部门要统一标准，统一接口构建数据库系统，实现业财信息一体化。

由于业务部门与财务部门是相对独立的部门，并且拥有各自不同的数据统计体系，相关数据的核算与计量都有各自不同的方法，并且对于业务活动来说，财务数据仅能反映出业务活动最后的结果，缺乏业务活动具体实施的过程数据，不能反映出业务活动的每一个流程。传统企业为了方便管理，对于部门的职责具有明确划分，在开展活动时，由于各部门的相对独立，业务部门与财务部门之间缺少交流，财务部门也较少地参与业务活动，因此在业务与财务相融合的过程中，势必会受到管理机制的掣肘，难以开展。由于业务部门是企业业务活动中的主要参与

者，参与到了业务活动的各个过程，业务部门的目标主要是针对企业所制定的战略项目，在规定的时间达到业务量等，重点在于短期的结果，而忽视了其中可能存在的财务风险等。而财务部门主要是对企业业务活动中的预算方面以及事后核算负责，对业务过程并未加以了解，目标是对企业财务数据进行核算、分析，为企业提供财务报告，而忽视了对企业总体战略的契合。因此两个部门在融合的过程中没有统一的目标，就容易出现互相不理解的问题，可能导致在未来的合作中无法达成一致意见。以制造业为例，在一个业务流程中大致分为采购、生产、销售等活动，例如采购环节，有专门的采购部门进行，从制订采购计划、招标供应商到合同的签订、原材料入库等，这一系列环节中所涉及的数据繁多，每一笔涉及资金的业务活动都会对应地产生财务数据，而业务部门与财务部门的对接不及时，容易导致财务数据滞后，因此无法跟进业务活动，导致对企业战略的关注度不够，不利于业财融合的开展以及互联网大数据时代的管理会计转型。

第四节　建设信息系统，提高业财融合效率

一、财务数字化转型对财务提出新挑战

会计总是一个传统而又快速发展的行业。会计电算化、财务信息化曾经使得财务部门成为企业较早推行信息化的部门。数字化浪潮再度使得财务会计面临颠覆性的挑战，云计算、大数据分析、RPA（机器人流程自动化）、人工智能、区块链、微服务数据采集、数据处理、数据分析以及实时的数据分析和决策给财务工作带来了天翻地覆的变化。财务的数字化转型正在给 CFO 带来前所未有的挑战，数字化转型对财务的挑战包括：理解数字化本质，优化财务战略，支持企业数字化转型战略；理解数字化营销与数字化运营特点，规划数字化运营监控策略；借助人工智能等技术，提升实时化的财务分析和财务洞察能力；引入 RPA，加快财务流程的数字化；集成业务和财务信息，实现可视化的绩效监控和分析决策体系；建立驱动、认知计算支持的投资并购和风险控制决策模型；基于大数据和区块链，重新规划客户交易模型，加快商业模式变革。

科技革命浪潮之下，数字化转型使 IT 成为企业战略转型的赋能手段，CIO 的角色也在从首席信息官进一步升级为首席数字官（CDO）。作为数字化转型的“首席执行官”，CIO 的使命发生了变化。CIO 肩负着通过数字化转型，提升客户体验、实现数字化业务能力、构建数字化商业模式的重大使命，从而也会面临前所未有的挑战。及时洞察数字化转型趋势，有效拟定企业数字化转型愿景与战略方向；展开数字化转型顶层设计，规划科学的数字化转型架构；规划数字化转型业务蓝

图,明确数字化业务能力转型技术路线图;实施数字化转型技术方案,确保数字化转型目标实现;完善数字化转型治理机制,顺利推进企业数字化转型与变革。大数据背景下,企业想要实现健康持续发展,离不开海量数据的支持。而企业在日常生产经营管理中,无论是财务管理,还是业务开展,都会产生海量数据,为企业科学决策提供了数据支持。但是,企业各部门数据不能充分共享,影响了海量数据的有效应用。对此,建设业财融合数据库成为关键。首先,企业应统一各个部门数据库的接口,并设置访问权限,既保障各部门数据库的独立性与安全性,又为各部门信息共享提供了便利。其次,委派专门人员对业财数据采集、分析与整理,便于管理者调用,为业财融合提供便利。在业务部门、财务部门建设数据库时,应保障两部门数据库的标准统一,甚至可在同一数据库中设置两个平行单元,为业财融合工作的开展提供便利,促进企业生产经营管理活动的有序开展。不谋全局者不足以谋一域,在产业互联网飞速发展,新信息技术与行业经济飞速融合的时代,每一位关注未来的企业领导者都需要思考,在数字化转型时代,如何通过先人一步的数字化战略和行动计划,争先建立数字化新优势。根据金蝶对数字化转型客户的调查,企业领导者(CEO)在数字化转型阶段,最大的困惑是商业模式,最大的挑战是如何规划和实施数字化商业模式的转型。主要挑战包括:转换思维,打开思路,梳理数字化转型意识;洞察价值,凝结共识,明确数字化转型战略目标;抓住机遇,快速创新,创立数字化转型示范工程;整体规划,分步实施,构建数字化转型生态体系;资源整合,能力提升,完善数字化转型控制及保障措施。

二、构建业财一体化平台促进信息共享

大数据背景下,业财融合成为企业发展趋势,但是,想要全面落实业财融合,应统一业务和财务部门的目标,利用互联网技术,构建业财一体化平台,以此促使业务和财务部门的相互协作与信息共享。而在统一目标的制定中,企业应依照自身发展情况与社会状况逐步推进,既保障战略目标与部门目标一致,又保障目标与企业发展战略一致,促使业务人员自觉了解财务部门情况,财务人员全面参与业务全过程,有效促进业财融合工作的实施。

从当前形势来看,一些企业由于没有形成一个相对健全的数据库,对业财融合发展造成严重影响。在大数据背景下,企业如果想要利用大数据的作用来提高自身综合竞争力,就应利用现代化与科学化方式来建立数据库,设计统一的信息系统和数据统计标准及口径,建立并及时更新共享数据库,搭建信息沟通平台,创建数据共享机制,合理开放数据共享接口,以此为企业内部数据实现实时流转与持续共享提供保障。借助信息共享,深入挖掘数据并发现其中存在的问题,及时解决。除此之外,为确保企业信息安全,防止企业由于重要信息泄露而面临毁灭

性打击，有必要设立网络安全系统，做好网络安全管理，减少企业财务风险，促使企业稳定发展。为了尽快实现业财融合，企业有必要创建一支力量雄厚的业财融合队伍。一方面，企业可以从企业内部财务部门中挑选优秀的预算、成本管理、资金管理以及税务筹划等方面优秀人员，形成业财融合队伍，并通过交流与沟通，做好从根源上控制资源配置工作，助推业财融合深入融合发展；另一方面，企业必须坚持培养先进人才的理念，从而为业财融合深入发展提供人才保障。同时，定期组织培训，不断更新知识和技能，以此提高业财融合效率。对企业而言，将业务工作和财务工作进行融合是企业经营发展的必然趋势。在大数据背景下，这种趋势越发明显，在进入大数据时代后，也使得业财融合成为了可能。

总而言之，大数据时代下，企业之间的竞争日益激烈，对此，企业应重视业财融合，建设专业化的业财融合团队，构建业财融合的数据库，全面落实业财融合，发挥业财一体化的效果，促进企业内部管理活动有序开展，实现企业综合效益最大化。

随着我国市场经济体制的逐步完善，企业的发展迅猛，开拓了企业经济竞争的同时，企业的经营风险也日益凸显。业财融合将业务工作和财务工作相融合，能使企业更好地进行财务管理。财务管理作为企业管理工作的核心，加强财务管理是企业实现战略目标、提高经济效益的重要保障。因此，业财融合是企业财务会计向管理会计转型的关键。在大数据背景下，市场为企业营造良好的发展环境，企业也因此面临较大的市场竞争压力，企业若是要在市场中占据有利形势，必须紧跟大数据的发展，改革自身的经营管理工作。业财融合作为一种新型的管理模式，运用得当能够有效促进企业实现经济效益稳定增长的目标。企业应将财务目标和业务目标相结合，遵循业财融合的评估标准，来统一业财融合工作标准，提高业务部门和财务部门的工作积极性，为设置合理的业务预算和目标而共同努力。在实行预算和目标时，财务部门需要将财务价值作为导向来引导业务部门，而业务部门在实现预期目标时，也必须思考预算使用效率和效益，不断更新目标，在两者共同努力下，不仅能够促使企业价值最大化，还可以提高工作的严谨性与标准性。为实现业财融合，企业可以从以下几方面加以改变：在财务部门中设置专门的业务岗位或者在业务部门设置专门的财务岗位，缩短二者的距离，借助岗位职能作用，加强两者间的联系，从而使二者实现高效合作，进而助推业财融合的应用。引用云服务。企业设立基本的会计科目、开发动态管理、创建管理机制等都属于业财融合的基础工作，财务工作者应积极参与这些业务活动，收集数据与信息等。需要和其他工作人员进行沟通达成共识。利用软件共享与云端数据共享，为云服务平台解决这个问题提供了帮助，在一定程度上提高了业财融合效率。财务工作者需要积极参与企业业务流程，在企业流程中积极发挥自身职能作用。例如，预测合同签订的可行性、业务开展预算执行状况、业务成本效益以及业务风险防控等。从财务角度分析业务部门中存在的问题,进而有助部门更快更好地达成业务目标的同时,了解业务工作,及时获取数据信息,为企业后期财务预测工作和相关决策提供数据保障。

第四章　大数据背景下业财融合的对策

第一节　提高企业的大数据挖掘分析应用能力

在大数据时代,为加快推进业财融合理念在企业内部更加高效地应用,系统分析大数据的特点及发展趋势,进而结合企业经营管理的实际需要来推进业财融合理念在企业内部的应用,应提高做好大数据的挖掘以及分析的能力。首先,应该深入挖掘企业的财务数据,财务数据主要是对企业当前经营活动中有关的财务状况以及经营成果的数据反映,因此在大数据时代推进业财融合的利用,应该强化对企业财务数据内涵的分析利用,通过初始的财务数据来进行相应的财务分析,并对企业的偿债能力、营运能力以及盈利能力等进行掌握。其次,在数据的挖掘分析利用方面,还应该注重做好财务数据以及业务数据之间的融合,财务部门应该注重通过相应的财务管理信息系统,强化对于企业经营活动过程中业务活动数据的掌握,并采取一定的数据分析方法来对企业的财务数据以及业务数据进行结合性的分析,进一步提升财务数据的决策价值。最后,应该注重对大数据分析结果的科学利用,一方面围绕着业务数据基础来对财务数据变动进行深入分析,另一方面围绕着财务数据基础来对业务数据进行分析,通过数据的利用分析增强财务活动和业务活动之间的联系。

思路决定出路,要首先转变思维,树立全员大数据思维。大数据时代,财务数据呈现多结构、精细化、可控化的特点,对于深化业财融合提供了更好的协同契机。企业利用庞大、多样、即时的数据信息,一方面解决了传统财务管理精确度、时效性上的不足;另一方面,各职能部门也由此更迅捷地通过财务部门提供的最新数据信息改善运营模式,规避经营风险,更好地发挥大数据对深化业财融合的有效性,帮助企业实现精细化管理。因此,企业各职能部门必须进行思维转变,财务部门要转换传统后台职能部门的观念,立足于业务信息,用商业价值的敏锐度收集整理有价值的数字信息,主动融入业务、服务于业务。各业务部门也要积极提供渗入渠道,接纳财务部门,主动提供业务端的数据信息,充实到企业数据信息平台。通过各方努力,使财务部门具有经营理念,而业务部门具有会计思维,双方达成共识,加强业财协同,打破业财管理壁垒,推进企业的业财融合。

一、构建财务信息平台

(1)提升软硬件功能,发挥大数据的价值。业财融合的关键是发挥财务部门数据中心的优势。大数据为“业财融合”提供便利,包括构建大数据库,建立数据分析模型,建立各信息展示平台等,以满足企业管理层的信息需求。从庞大多样的数据库中提取有利于企业使用的数据信息,一方面依赖于会计人员的悟性来挖掘数据背后价值,但另一方面也缺少不了计算机等软硬件技术的支撑,数据库的构建、数据的处理、信息的提供和传递等过程都要依靠计算机来完成。在大数据驱动模式下,作为业务和财务管理相互融合的决策系统,企业数据库平台的建设在财务管理活动中,起着至关重要的作用。其多口径的数据输入,利用信息处理技术进行多维度的数据处理和输出,促使企业知识资本的充实,同时增强了财务决策数据的科学性,为及时地掌握企业发展的实时动态提供了可能,也提高了决策信息的效率性。

(2)构建财务风险预警机制。企业在大数据技术背景下建设业财融合一体化模式,首先,企业要积极构建科学的财务风险预警机制,通过完善的财务风险预警方法的引入,切实提升企业在业财融合一体化模式中对财务风险的应对能力。同时企业应将财务风险预警机制合理运用到各业务部门的业财融合一体化建设工作中,从而有效预警和防控企业在大数据技术背景下业财融合一体化建设中出现的各类财务风险。其次,企业不仅要引进先进的财务风险预警与控制方法,还应将其与企业自身的业财融合一体化的实施现状有效结合。最后,企业要提高财务风险预警方法的开放性和动态性,使其能够提高业财融合一体化模式在瞬息万变的市场环境下的适应能力。企业在大数据技术背景下进行业财融合一体化建设,应积极以大数据技术为支撑构建起高效、统一的财务信息平台,加快信息平台的收集与处理各业务部门经营管理信息以及外部市场信息的速度,最大限度地减少企业财务信息不对称程度。具体而言,企业在大数据技术的应用下,可以保障企业财务部门收集、处理各业务部门会计信息的效率,并有利于财务部门及时发现并控制各业务部门及人员的不规范财务管理行为。因此企业应加大大数据技术和专业技术人才的引进力度,促进财务管理人员对先进大数据技术在业财融合一体化建设中的应用能力,使财务人员能够在计算机技术下帮助企业建立健全业财融合财务信息平台。综上所述,大数据时代背景下业财融合一体化建设能够大大提高企业会计信息质量,加快各业务部门与财务部门的会计信息传递,促进财务部门与业务部门沟通合作与信息交流,提高企业财务风险的防范能力,使财务部门能够及时发现和控制业务部门的不规范财务管理行为,增强企业各部门财务管理活动的一致性。因此企业亟须在大数据技术支撑下的业财融合一体化模式,完善和细化财务管理制度，创造良好的内部组织环境，通过财务风险预警机制的构建全面防范业财融合一体化实施中的风险，并健全财务信息平台，提高业财融合效率。

（3）建立健全内部管理制度。为保障企业在大数据时代背景下的业财融合一体化模式得到有效开展，必须要建立健全内部财务管理制度，加强思想培养，从而提高各业务部门及财务部门财务管理活动的规范性，使业财融合一体化模式能够顺利实施。首先，企业应变革内部组织模式，健全组织机构和人员设置，科学划分各业务部门以及财务部门在业财融合一体化模式中的职责和权力，并通过大数据时代背景下的业财融合一体化思想培养，提高各业务部门人员及财务部门人员对业财融合一体化建设重要性的认识，使企业各层级人员都能够积极参与到业财融合一体化模式的各个流程中。同时，企业应进一步细化业财融合一体化模式下的财务管理制度，以提高企业的会计信息质量和对各经营流程财务工作的把控能力。其次，企业应加强对各业务部门人员以及专业财务人员的教育和技能培训，强化各业务部门及财务部门对大数据时代下建立新的业财融合一体化模式的认识。企业应摒弃以往传统的财务管理理念和方法，通过大数据和业财融合意识的深化和思想的培养，构建适应新的市场发展环境和未来发展目标的财务管理模式，使其能够有效提升企业经营管理水平和竞争能力。企业为进一步提升在大数据时代背景下的业财融合一体化模式的有效性，应健全监督评价体系、绩效考核体系，构建完善的内部治理环境。首先，企业应将各业务部门、财务部门的绩效考核目标与业财融合一体化实施情况联系起来，进而使企业内部各业务部门及人员积极参与到大数据时代背景下的业财融合一体化模式的构建与实施过程中。企业应将绩效考核目标与业财一体化下设立的预算管理目标结合起来，最大限度地激励各业务部门人员的积极性。同时企业应加大在大数据时代背景下业财融合一体化专业人员的引进，通过在人才招聘时全面考察被选聘人员对大数据技术和业财融合一体化的认识，并在企业内部加大培训力度，有效提升财务人员对大数据时代背景下业财融合一体化模式的知识和技能掌握程度，进而实现专业人才对企业实施业财融合一体化模式的有效支撑。其次，基于大数据技术的业财融合一体化模式作用的发挥需要有效监督评价体系的保障，通过监督评价制度的构建实现对各业务部门与财务部门业财融合行为的全面把控，进而及时发现在业财融合一体化模式中出现的不规范管理行为。监督评价体系可以有效避免各业务部门出现随意更改业财融合一体化目标和内容，或将财务资源更改用途以谋求自身私利的行为。

（4）建立企业业务数据。大数据时代，各行各业对于经济活动背后所隐藏的数据极为看重，业务数据的背后反映的是企业运营情况。虽然近年来大多数企业的信息化水平有了很大提升，但各个信息系统还处在各自孤立的状态，没有将各系统的数据实现整合。建立标准统一的多系统数据平台,实现预算管理、成本核算、财务核算、绩效管理与企业其他业务系统的数据联通,是实现业财融合的关键因素。首先,要通过与企业各部门的合作,实现多平台间的数据收集,实现财务流、业务流、资金流及数据流的一体化。其次,要理清人员信息、部门信息、资产信息等,充分利用系统中的原始数据,进行收集归类与整合。通过多平台数据流的整合,财务人员要开展对各业务部门的具体分析,如成本分析、项目分析。实现对各业务部门的全面了解,直观展示企业各业务部门的运营情况。最后,总结出企业业务数据中的重要数据进行指标化,与业务部门沟通,实现指标的良性循环与使用。

(5)健全财务分析和报告体系。业财融合模式的财务管理在财务分析的方式上,更侧重于企业部门经济运行情况分析及其他具有针对性的专题分析。在分析的形式上,可以通过大数据进行月度、季度和年度数据比对,这就要求企业建立多维度、多对象的财务分析和报告体系。在原有企业总体财务分析报告体系中,加入部门发展情况分析,如部门发展趋势分析、保本分析及损益分析。通过更健全的财务报告体系分析部门发展对企业发展的影响,建立更加细分的部门发展报告研究,为部门的发展献计献策。业财融合模式的推行需要企业信息、财务及各业务的通力合作,各部门之间的有效沟通将直接影响业财融合在财务管理运用中的效果。企业管理中部门与部门间的高效沟通是业财融合能够有效运行必不可少的环节。如何实施更加高效的沟通机制,首先,要减少沟通中的信息流通环节,尽量做到原始信息的快速传递。各部门可以派专人作为与财务部门设定的业财融合专员进行对接,及时收集和传递信息。其次,要加强财务人员的业务认知能力,确保财务人员与业务部门沟通顺畅。最后,应该充分利用企业办公 OA 系统或微信办公系统,实现员工沟通的全时空对接。

二、严格把控与企业财务决策有关的数据质量

如果数据中所蕴含的信息量超越了一般企业管理者数据处理能力的范畴,不仅使处理信息的工作量加大,而且传统的数据管理和数据分析技术难以有效挖掘这些数据潜在的价值,致使判断该信息的价值困难程度加大,从而导致企业在进行决策管理时,判断、取舍和利用信息价值的难度增大。只有构建基于大数据技术新型的、功能强大的企业管理决策系统,才能更好地为企业采集、甄别、分类、筛选有价值的数据,从而有利于企业决策的制定更加科学化。以互联网企业为例,就财务数据获取而言,企业必须建立完善的数据采集机制,充分挖掘自身用户的电商交易、社交往来、商品搜索等数据,确保企业基础财务数据的资源丰富,优化数据质量。首先可以利用社交媒体,帮助企业了解消费者的兴趣爱好,分析当下

的市场潮流，使企业获得更多外部的实时数据资源。其次，企业还可以利用自身生产的数据，如用户浏览网页情况、商品交易数据、商品购买数据、点击网页等基础用户数据来与财务指标相关联，以便企业利用相应财务数据进行精准决策，及时调整财务决策。与此同时，还可以通过与其他行业领头公司合作来获取其他企业外部数据，如社交、物流、金融等各个领域，涵盖用户衣食住行等方方面面的数据，有助于增加企业财务数据的获取范围，利用其他行业的数据来优化财务数据的质量，更好地服务于企业的财务决策。

基于大数据的业财融合信息搜索技术的实施不是一个静态独立的过程，而是一种动态全方位的体制。在明确技术建立的目标基础上，结合相关技术和方法基础，使业财组织结构由垂直化向扁平化过渡，紧跟信息技术发展前沿，不定期优化整体运作流程。一要明确技术建立的动因与目标。从企业管理及业财融合的现实需求出发，业财融合下信息搜索技术旨在通过大数据时代先进信息技术手段的运用，推进业务部门与财务部门的整体匹配协调程度，实现业务信息实时共享，真正增强管理决策中信息的质量和效率，推动企业实现价值再创造，从而提升企业整体竞争力。二要构建信息搜索技术基础。从人机交互沟通机制的运行特点的角度进行分析，明确人机交互界面优化方向，从局域网配置、兼容性操作软件和检索技术应用三个方面进行信息搜索技术研究，并与上一步研究成果结合，建立业财融合下信息搜索技术目标体系。通过运用大数据和云计算相关技术，建设基于财务共享服务理论的数据仓库。结合搜索引擎的工作原理，多角度分析不同推荐算法在实际应用中的优势与劣势，综合运用用户账号分析技术和用户行为分析理论，建立不同推荐算法模型下的数据查询分析机制，构建基于用户角色、搜索习惯的推荐算法模型。三要建立大数据背景下业财融合信息搜索技术的组织架构与流程体系。利用信息技术将业财融合各运作流程全方位包裹起来，完成业务流程与数据信息同步传输，通过信息系统将信息数据汇入数据仓库，依据上一步构建的信息搜索技术，根据用户可提取数据范围划分和搜索结果，按照用户需求进行信息的精准抓取，真正满足企业管理决策需求，有效指导企业的经营管理。四要不定期优化运作流程和搜索技术。大数据背景下业财融合信息搜索技术的构建不是一个完整体系架构的结束，而是一个实时动态优化过程的开端。管理会计目标的实现离不开不定期评估优化的保障措施。该技术涉及的软硬件设施和配套软件需要定期检查和维护。除此之外，企业也应提升信息技术方面的快速反应能力，紧跟大数据时代信息技术发展前沿，持续优化人机交互界面，完善信息搜索技术整体运作流程和用户体验。对于优化业财融合实施效果、实现管理决策目标，信息搜索技术的运用为企业提供了切实的可能性。通过借鉴模糊语义提取、知识图谱、推荐算法以及数据仓库等技术，基于大数据的业财融合全新信息搜索技术使得业财融合后的信息能够满足精细多维、柔性动态的决策需求，企业可以结合自身特有情况借鉴实施。由此，企业不仅增强了经济全球化背景下的核心竞争力，同时还响应了党的十八大以来供给侧改革明确提出的“调整经济结构，使要素实现最优配置”政策要求。当然，大数据背景下的业财融合信息搜索技术运作流程中人员结构的科学组合、领导管理的职权划分、过程监控的及时完整、系统技术的智能改进、管控指标的动态调整等诸多方面还需持续优化、不断完善，充分利用数字化手段，搭建沟通平台，基于大数据的业财融合信息搜索工具，对企业真正发挥业财融合的价值带来一定的启发，以提升企业的整体素质和综合竞争实力。

三、完善对非结构化数据处理的技术

非结构化数据是当今大数据的主体，具有信息量丰富、内容复杂性、多样性等特点。对于传统的数据处理技术来说，如何辨别数据与财务决策的相关性及重要程度是企业对非结构化数据处理的首要需求。因此，首先，企业可通过各种途径获取非结构化数据，将有价值的数据筛选出来后与未考虑的变量相关联，确定它们之间的联系，从而进一步提炼出企业财务决策新指标。例如，企业可以对外发布信息（如电子邮件）以及电话回访来获取音频、图像等数据，提炼出客户满意度、业务流程有效性等指标，预测客户的购买模式，主动识别市场趋势以指导投资，更好地做出预算管理与决策分析；同时利用员工上网生成的 Cookie 数据来提取员工工作效率和学习能力等指标，为企业管理者对员工的绩效考核提供更多信息支持。其次，在数据指标体系构建实现的基础上，通过分布式保存、数据预处理、数据挖掘等核心数据处理技术，创建一种关于非结构化数据的财务管理平台，通过后期不断地改进优化并进行有效的推广和宣传，将其实施到各个企业的实际财务管理工作之中，为大数据在财务决策工作的深度处理提供支撑，提升企业决策的科学化程度。

通过分析大数据环境下业财融合面临的挑战，本节结合我国企业财务管理的发展现状，对业财融合管理模式的实现提出一些建议。①完善财务共享中心体系，加强业财数据互联。完善财务共享中心体系、加强业财数据互联共通是实现业财融合机制的重要基础。企业构建完善的财务共享中心体系，要统一业务经营和资金流转数据的统计标准和口径，将两部门数据及时汇集到共享服务中心。同时要加强业财数据的互联共通，关注业务经营活动和财务资金管理的有效结合，了解企业的业务流程和项目发展，并通过专业的财务数据分析对业务活动和资源配置进行规范。②加强业财部门沟通体系，确定业财融合切入点。加强业财部门之间的沟通交流，根据企业特有的经营模式确定合适的业财融合切入点，是该模式实现的有效手段。企业可以不定时开展研讨会、座谈会等，增加两部门的沟通交流、提升二者的团队精神和合作意识；也可以适时开展业财部门合作项目，让两部门共同参与到项目的开发与实施中,培养相互信任、高效合理的合作机制。同时,在建立良好的沟通体系后,两部门要结合企业特有的经营目标和完善的业财共享数据库,制定合理有效、切实可行的业财融合管理方式。③提高业财融合团队素质,完善培训内容和引进机制。高素质的综合型人才是业财融合机制实现的重要主体。企业要加强内部人员培训机制,积极组织关于财务共享模式和大数据分析技术的专业性培训。一方面,加强员工对财务共享中心的应用和业财数据录入分类的培训,保证业务经营和资金流转数据的完整性和系统性;同时要加强员工对系统安全的维护工作和业财数据的保密工作,确保业财数据的安全性和保密性。另一方面,企业应加强对业财融合人员数据分析和数据挖掘能力的培训,增强员工在数据分析方面的目的性、方向感,使数据分析能够有力地支持业财融合的实施发展。此外,企业可以通过招聘的方式吸引具有数据分析能力并了解业财融合机制的综合性人才,加强其与业财两部门工作人员的合作互助,促进业财融合管理方式的实现和发展。业财融合模式作为符合大数据时代要求、贯彻国家政策指引的新型财务管理方式,基于大数据技术和财务共享中心将企业的业务活动经验与财务管理方式结合起来,使财务工作人员及时了解业务经营活动,深度分析业务数据,实时监控业务发展,做出专业有效、切实可行的预算报告和决策方案,对企业实现精细化管理、增加企业价值和经济效益具有重要的现实意义。同时,业财融合机制的实现离不开完善的财务共享中心体系、有效的业财部门沟通体系和高素质的业财融合团队。

大数据时代,对企业财务人员的综合素养要求较高。首先,应加强对财务人员业务知识的培训,通过培训业务流程及工作模式,加深财务人员对业务的了解。财务人员要主动下到一线部门进行沟通交流,深入了解财务数据与业务工作之间的联系。建立完善的人员培训和教育机制,构建全面性、细节性的培训机制。对于优秀、有潜力的人员可以提供特殊的业务培训机会,以专题会议、讨论性的拓展训练活动以及轮岗转换等途径实现整个团队素质的提升。其次,提升财务人员的服务意识与沟通能力。业财融合的实施是通过从财务与业务数据的分析中,发现业务发展中存在的问题,并给业务部门提出建议对策的过程,这需要财务人员有较强的沟通能力和服务意识。最后,在大数据时代,要加强财务人员应用信息化技术进行数据统筹和分析的能力,发现数据中隐藏的信息,将其可视化,为科学决策提供依据。

以往的财务分析环节主要基于发现问题、处理问题展开。但基于大数据背景,财务分析能够事先找到财务管理阶段潜藏的问题,进而可以帮助企业更加及时地制定出经济效益的优化方案。这主要是因为以往的财务分析主要采用取样的方法,在取样时,可能隐藏着数据资料遗漏的情况,所以不能保障财务分析的公正性。大数据背景下,能够有效处理这个问题。大数据背景下的财务分析更加系统全面，侧重于多结构的信息，进而可以提升财务分析对企业损失与收入预测的精准性，预防经营风险。同时，大数据背景下，信息的来源与类型更为多样化。多结构财务信息可以实现信息的可控化与企业财务控制的精细化。建议企业整合财务增值和业务量两大目标，严格遵守业财融合评价标准，集中工作目标，激发业务中心和财务中心的积极性，共同建立适当的业务预算及目标。落实预算时，财务中心要以财务价值为主导引导财务中心，业务中心在完成预期目标时，也应考量预算运用效率及效益，对其建立的目标持续更新，双方共同努力，不仅能够使企业价值最大化，还能够提高工作的标准性及严谨性。在业务中心内设立财务岗位和在财务中心内设立业务岗位，缩短二者之间的间距，基于岗位职能，增强二者之间的互动，实现高效协作，推动业财融合。引进云服务，创建基础性会计科目、制定动态管理报告与建立科学的管理制度等均是业财结合的基础性任务，完成这些任务，要求财务工作者参与到企业业务项目中，深入一线积极学习，获得数据、资料等，和员工沟通、探讨、达成共识。这类烦琐的任务目前财务机器人与智能财务是不能处理的，而云服务系统基于软件共享与云端信息共享，为这种问题的处理提供了契机，能够大幅度提升业财结合效率。

第二节　基于大数据技术构建业财融合的企业管理会计框架

一、企业管理会计框架建设的必要性

随着大数据技术的迅速发展，企业的商务模式也逐步发生改变，主要依托提供业务带动销售，然后结合个性化服务、产品的提供获取更大的经济效益与社会效益。在上述商业模式中，需要利用大量真实的会计信息做出内部经营决策，形成以单笔业务为中心的、基于大数据管理系统的成本管理体系。在这样的背景下，企业会计体系需要纳入海量数据，对单笔业务的盈利、成本、收入贡献等信息展开精准计算。同时，要在大数据技术的支持下锁定目标客户与潜在客户，实现精准营销，以此达到增加企业经济效益的目的。大数据背景下，企业会计体系的信息需求是清单级别的细颗粒海量信息，因此要将大数据思维和业财驱动设定为会计框架的搭建主线。基于自动对接的大数据系统支撑大数据思维下的管理会计体系以海量数据为基础进行信息加工，所以必须搭建基于自动对接的大数据系统支撑体系，实现信息收集和整理。该体系主要包括三个层面，一是业务信息提取和整理。将信息应用设定为最终目标，结合提前完成设定的模型对各个独立系统的信息展开数据采集和对接，实现对有价值信息的提取、录入、筛选和整理。二是大数据存储。按照最细颗粒的数据维度和会计架构，将提取的业务信息保存在

数据仓库中。三是数据与信息的应用。利用特定模型加工数据,形成管理会计报表体系。

二、企业管理会计框架的内容

在以往的财务管理模式下,企业的业务管理系统和财务管理系统之间往往是相对独立的,系统之间自成体系,因而信息共享利用以及相关的数据对接相对较少,信息孤岛的问题比较明显。基于大数据思维充分运用业财融合理念,应该构建完善企业内部的管理会计体系框架,其管理会计信息系统主要包括以下几方面。战略管理系统,重点包括战略分析、战略制定、战略控制与评价和战略调整等;全面预算管理系统,重点包括设定预算管理目标、预算编制、预算控制、预算分析、预算调整、预算评价;成本管理系统,重点包括事前成本管理、事中管理、事后管理;投融资管理系统,主要包括投资管理和融资管理;风险管理系统,主要包括风险评估、风险预警、风险控制以及风险评价等;绩效评价管理系统,主要包括绩效目标设定、建立绩效评价体系以及绩效评价分析等一系列的内容。首先要规范业财融合制度。企业任何工作的开展,都需要一定的约束条款,才能保证企业的正常运转,业财融合也不例外,规范的制度是业财融合工作顺利进行的有力保障。因此,业财融合管理体制的制定和实施是业财融合顺利开展的另一个重点内容,确立规范业财融合制度是业财融合的重要环节之一。将企业内部各个部门,纳入业财融合队伍,并且需要对各部门、各岗位的职责和权限进行合理的分配,让其了解自身的责任,将业财融合队伍的工作方式和决策程序制度化,便于工作开展,为业务部门与财务部门实现融合建立客观条件,使业财融合工作在和谐的环境中进行。

三、企业管理会计的工作机制

在业务发起时,比如经济合同签订前,财务部门积极参与评审,财务部门需要对合同的各方面内容进行确认,并且适时提出相关意见。比如合同是否符合政策规定,该项业务的内容、程序是否规范,业务开展预算执行情况,业务成本收益问题,业务风险问题等。财务部门积极参与合同评审,根据合同内容所涉及的专业范围,建立业财融合工作组,由财务骨干人员与业务部门相关人员组成。让财务部门与业务部门时刻保持联系,配合好业务部门对各类合同给出相应的财务意见,出具意见书,更有利于业财融合工作的顺利开展。针对已经开展的合同项目,对其进行跟踪分析,把握开展情况,确保投入与产出的合理性,以便及时进行账务稽核,进行预测,对各类财务风险进行控制。针对已经完结的合同项目,业财融合工作组积极对合同项目的开展效果和对投入产出效益进行深入分析，做出事后分析评价，并对合同项目的事后评价结果进行质量把控，为今后的工作开展提供相关的预测决策信息。在业财融合中，财务部门起主导作用，指导其他部门参与业财融合工作。为了推动业财融合，对企业管理发挥很好的作用，建设业财融合队伍迫在眉睫，应当在业务部门中选择熟悉公司经营情况的骨干人员，与财务部门骨干人员，组建业财融合专业队伍，进行业务财务之间必要的交流，积极参与企业业绩评价，为更好地实现业财融合贡献力量。在当前的大数据时代背景下，企业进行业财融合必须学会利用数据，通过数据实现更高效的沟通。本节从数据的不同利用角度出发，提出业财融合的实施路径。

充分利用财务数据，构建企业管理会计框架。财务数据是财务人员对企业当前财务状况和经营成果的数据描述，财务人员应该充分挖掘财务数据的内涵，充分利用财务数据。首先，企业可以通过对财务数据进行分析，及时发现企业财务指标反馈的问题，预测企业财务可能出现的财务困境，从而，为企业的健康运营保驾护航。其次，企业的经营状况直接影响企业经济效益，因此，企业管理层非常关注企业的经营状况。初始的财务数据只是对整个公司的基本运营情况进行分析，不能直接观察经营结果，因此，财务人员必须对财务数据进行财务分析，可以通过指标计算分析企业偿债能力、营运能力和盈利能力等具体运营状况，便于管理层直接了解企业目前的经营效率。

一体化建设核心是将大数据体系、财务体系、业务体系进行有机的结合，形成统一的操作管理系统，对企业财务制度进行重构，形成可视化、实时化的系统体系，强化财务管理在企业管理中的权重，为企业决策层合理制定业务战略，确定企业经营方向提供重要支撑。一体化体系的逻辑框架要明确的是，一体化建设并非指独立的信息系统或办公软件，而是指基于信息联合与决策共享的一整套具有内部逻辑关联的体系化建设。该系统包括信息的收集、信息的决策、信息的共享以及相关的配套制度。从这一角度来看，企业大数据业财融合一体化体系需要遵循逻辑框架来进行科学建设。要明确业财融合并非单一的会计手段，而是需要企业上下及各个职能部门通力合作、全力配合的制度改革。逻辑架构分为采集层、逻辑层以及执行层。采集层以大数据体系为核心，形成业务数据、市场数据以及财务数据的广泛联合；逻辑层以对数据的分析为核心，形成数据对于业务的决策与调整；执行层则重点在于信息平台的交互建设，并形成完善的配套制度，对于企业的业财融合进行指导与监督。在信息的采集层，主要通过大数据体系获得市场信息，通过业务数据体系获得基本的业务资料信息，通过财务数据体系获得企业财务运行的指标信息，在汇总与纠错中进入逻辑层以供分析。不难发现信息层建设的重点要落实在具体的数据收集层面，从数据来源看，重点可以分为企业内部数据与外部数据两种。其中，内部数据包括业务数据与财务数据，这两方面数据是形成业财融合的关键。而在企业外部数据获取层面则主要依赖大数据系统对于市场数据的收集,这一过程需要根据现有的业务方向以及未来的可能调整方向来予以确认。逻辑层的主要职责是在数据汇总的基础上加以分析,并为企业的决策提供基本遵循。可以说,逻辑层建设的企业大数据背景下业财融合体系的核心,是发挥该系统价值与效能的关键。在决策的过程中,由于引入了大数据体系,企业改变了传统对于业务的线性指导,采用财务指导与市场指导双结合的方式来进行。

由于引入了大数据的理念与技术,企业在决策的过程中能够随时对市场现状以及业务开展情况进行监控,在匹配过程中对预期进行适当的调整,从而达到更为精准预测的目的。而对于企业业务开展情况进行预测,仅仅是大数据时代下业财融合的一部分,其更主要的功能是结合实际对企业的战略与发展方向进行调整,并就具体的业务指向与执行方法进行布局,从根本上改变企业的经营状况。执行层面上的建设重点是要进行必要的指导与监督。指导层面主要建立以绩效考核为依据的广泛指导体系。企业以大数据为指导,以具体的业财融合形成的业务指标体系作为考核目标,通过出台一系列绩效考核规划让员工能够充分了解自己的岗位职责以及岗位工作方向。此种方式不仅能够将业财融合的具体决策结果在全企业内进行公开,形成良好的基础,更能够在对绩效考核指标的调整中发挥其指导与管理的作用,提高员工的主观能动性。在监督层面上则主要通过建立有效的信息平台来形成上下一体的信息回路,通过广泛的民主监督与岗位监督相结合来达到综合提升大数据业财融合一体化建设的根本目的。业财融合是近年来提出的管理会计新理念,通过业财融合实现会计对于业务开展的提前介入,从而指导业务更为科学、高效地落实。

第三节　顺应大数据时代,优化企业的业务财务管理流程

在大数据时代推进企业业务财务一体化的应用,应该充分利用大数据技术强化财务业务活动流程的系统整合,首先,应该将企业内部的业务管理、核算管理、资金管理、预算管理、财务分析、管理会计、成本管理、物资管理、供应链管理等相应的管理内容系统全面整合起来,畅通企业内部各个部门以及业务活动之间的信息对接渠道,为财务共享服务的推进以及企业财务管理的转型提供良好基础条件。其次,应该加快推进企业内部财务业务流程之间的深度融合,具体来说应该注重全面调整企业内部的财务组织结构,对以往的决策层、管理层、执行层的会计组织结构进行改进与优化,让企业的财务参与到业务流程之中,为业务决策提供支撑,并在业务执行层面赋予财务更多的管理权限。最后,应该以提高企业的整体价值作为导向,对企业的财务管理流程进行优化重塑,按照数据的挖掘分析以

及利用实际流程，对财务管理整体流程进行改进，提高业务财务融合深度。

着眼于业财融合的实施目标，某智能交通企业拥有数十项自主知识产权，并通过ISO 9001 质量管理体系认证和ISO 27000 信息安全管理体系认证。主要从事智能交通系统的销售及服务、智能交通工程的施工和智慧停车场的运营；基于无线射频识别（RFID）技术、传感技术在城市智能交通管理、涉车涉驾信息的开发运营。该企业开展业财融合的主要目的在于构建起更适合企业自身的高效运营管理体系，促进管理模式由粗放式经营不断转变为精细化管理，提升企业的经济效益。同时，促进企业的运营成本进一步降低，最终形成业务财务一体化战略体系。

在大数据时代背景下，推动企业业财融合是必然选择，为企业经济效益的提升以及可持续发展的实现提供了支持与保障。优化财务组织体系、优化数据采集及处理、强化企业的风险防控、建立并完善绩效考核、提供全方位保障，推动了业财融合在企业经营管理中的实现，强化了企业对多种风险的控制力度与能力，提升了企业财务工作与业务工作的效率。

一、构建科学的财务决策体系

为建立科学的大数据财务管理决策体系，第一，要强化企业决策层对大数据的认识。因为在传统决策中依靠经验获得成功的案例比比皆是，再加上大数据需要投入大量的人力、物力，短期内很难给企业带来明显的效益提升，所以很多决策者认为企业财务决策与大数据关系不大。这种认识是片面的，企业只有正视这种变化，才能够从数据中获得自己想要的信息，认识到自己面临的风险，从而做出合理的决策。第二，要结合企业的实际情况，建立有效的基于大数据的财务决策流程。要改变过去更多地依靠管理经验做决策的模式，通过积极收集企业相关数据，建立大数据平台，利用先进的技术从大数据中收集、处理、提取信息，挖掘问题背后的相关性，探索企业隐藏的商机和风险，找出问题的解决方案，达到由数据引领决策的目的。

二、完善企业管理制度

大数据背景下，要充分发挥业财融合的各项职能，必须优化业财融合的流程。企业现有的业财融合制度设计，生产运营体系以及风控体系的建构，都要依托大数据平台的支持。大数据平台可以帮助企业实现全方位的监控和绩效管理的智能化。企业管理者要立足实际，分析企业内外部环境、资产结构等因素影响，结合大数据分析整体处理程序的具体要求，考虑用户需求和企业的战略目标，发挥数据资源应有的功能，结合现有业财融合方案，对企业管理流程进行优化，构建适配的管理制度,确保企业战略目标在业财融合方案中高效推进。企业可以根据经营管理、生产制造、上下游管理、服务保障等各业务领域的数据库平台,制定信息系统集成规范,搭建企业数据架构,建设企业的数据中心,采用大数据理念、方法与技术,对数据进行资产管理,提供数据的共享、交换、分析等应用。财务部门根据数据信息平台提供的数据进行定性、定量分析,与各职能部门进行信息交换,发挥数据的价值,从而形成一套行之有效的管理制度。

财务人员应积极参与业务流程,例如参与到合同签订的可行性、业务开展预算执行情况的好坏、业务成本收益问题、业务风险等事项中。从财务角度帮助业务部门更好地完成业务目标,同时熟悉业务流程,获取第一手信息,为后续的财务预测、决策奠定良好的基础。建立基于大数据的业财数据库。

三、打造优质人才队伍

大数据时代背景下,企业要想有效促进业财融合发展,必须注重复合型人才的培养工作。首先,企业在工作中应该聘用专业素质较高的优秀人才,要求他们具有一定的业财融合理念、专业知识,掌握相关的工作技能,可以利用大数据技术将业务工作和财务工作相互融合,以提升各方面工作效果。其次,在培养人才的过程中,创建专业化的工作团队,要求团队成员全面掌握大数据技术的应用方式,承担业务工作、财务工作相互融合的责任,明确团队的业财融合目标和标准,并在业财融合期间合理采用大数据技术开展数据分析、存储与处理工作,保证在合理应用大数据技术的前提下,提升业财融合水平,改善当前的工作现状。最后,经常开展教育培训工作、外出进修活动,并利用此类方式培养优秀人才。要求工作人员掌握先进的工作技能,保证在业财融合期间可以全面掌握大数据技术,提升整体的业财融合工作水平。

大数据时代,企业在业财融合发展期间,应该积极构建专业化的数据库系统,有效存储、分析和处理海量数据信息,确保业财融合工作有效落实。首先,企业在业财融合期间,可以结合各种业务产生的数据信息的特点、规模等设计数据库系统,确保可以将所有数据信息存储到数据库系统内,有效整合业务工作、财务工作的数据内容,这样在有效开展数据管理工作时,可以预防企业在数据存储和处理方面出现的问题。其次,在创建数据库系统期间,还要不断扩大系统规模,按照业财融合的数据管理需求,升级、改造系统,而非将数据库单纯地作为数据存储系统。要在存储海量数据后,使用大数据技术扫描、分析与提取其中有价值的信息,尤其是业财融合信息,为业财融合工作提供帮助。

四、业务与财务工作相互整合

企业在业财融合期间，应该加大各个部门之间的沟通交流力度，要求业务部门与财务部门在实际工作中共享数据信息，共同探讨采用大数据技术挖掘相关信息的方法，以提升企业的经济效益与核心竞争能力，促进企业在大数据时代有效完成各方面的业财融合任务，使部门之间在相互配合、沟通的过程中，数据信息全面融合。大数据时代背景下，企业在业财融合过程中还存在诸多问题，如果不能确保二者之间的融合效果，将不利于企业的长远发展。因此，企业要归纳总结先进经验，按照大数据时代的业财融合发展特点、趋势，打造优质人才队伍，建设自身的数据库系统，加大业务工作和财务工作的整合力度，保证部门有效沟通交流，形成业财融合发展的良好工作模式与体系。

五、数据采集预处理的优化策略

第一，搭建内部信息采集处理系统。企业结合服务需求，依托互联网技术，逐步搭建内部数据管理服务系统。数据采集可在通用智能设备中装载 App（应用程序）完成，该系统可在互联网上完成借款核销、费用报销、合同申报及收付款项、应收账款跟踪等业务。以报销为例进行说明：通过内部信息系统，将发票等各种凭证通过通用的智能设备完成数据信息的扫描、拍照以及录入后，上传至企业内部信息化系统，审批及签字可全部在网上完成，分权限审批完毕后，完成报销流程。第二，数据的预处理。完成数据采集后，为了保证后续数据分析处理工作的效率效果，必须要对录入的数据展开预处理，特别是要对通过扫描、拍照等方式获取的数据进行预处理。企业引入光学字符识别技术，提取文字图像特征，实现对其的有效识别与精准分类。在此基础上，优化校正、格式化分类结果，将提取到的图片关键字段信息转变为能够进行结构化处理的数据输出，达到审查、判断、分析关键数据的效果。在检查无误后，即可依照标准模板输出文件，达到图片转换为信息的效果。第三，数据的使用。企业获取数据后，通过内部管理系统，将信息分别通过模块进行分类，可提供给不同类别的财务、业务及管理人员使用。完成费用的统计及分析，合同执行情况及收付款的统计及分析。

六、强化企业的风险防控

在实施业财融合的过程中，企业所面临的风险因素相对较多，且有着更高的复杂性，特别是在大数据背景下，企业应用信息技术、互联网展开多种信息提取、分析、保存、传递的行为更加常见，因此面临着一定的信息安全风险。利用防火墙、加密处理、登录权限设置等方式，避免信息泄露、丢失或是被篡改。同时，重点对信息系统风险与流程变革风险展开防控，具体有：第一，信息系统风险防控。提前构建风险防控体系，重点实施对设备的维护与管理，确保系统始终在平稳运行状态下，避免出现数据缺失、所有权不清等问题；持续完善、落实监管制度，推动岗位自我评价和内部审计评价相结合机制；有计划性地对企业员工进行信息风险的持续培训，使全体员工对风险的意识整体提高，并落实到日常工作中。第二，流程变革风险防控。对于流程变革涉及的跨部门流程协作，要强化相关人员之间的沟通合作，优化流程、提高效率，针对核心流程开展流程设计，并逐步实施优化设计；关注流程运作，及时处理存在问题；展开流程测试，第一时间更换低效率流程。

七、建立并完善绩效考核

绩效考核与员工能够完成个人任务、实现个人价值息息相关，在实施业财融合时需要重点展开。以供应链财务人员为例进行说明，选用 KPI（关键绩效指标）考核的方式进行绩效考核。财务人员绩效考核体系主要如下：考核体系中包含两个一级指标，即学习与成长指标、客户层面；在学习与成长一级指标中，包含业务差错率、业务处理及时性、业务日均处理量这三项二级指标；在客户层面一级指标中，包含业务满意度、财务部门反馈及时性这两项二级指标。

八、提供全方位充分保障

第一，信息技术平台保障。组建起专业的信息化建设团队，安排专业人员负责流程与信息化建设与管理，并推动网络、软硬件维护日常化。将目前的企业 OA 系统、库存系统、财务系统逐步统一，以使业务信息、财务信息均可在同一平台集成，确保相关人员可以按需完成信息获取，促使分析数据的获取效率提升。第二，财务职能转型保障。通过业财融合的逐步展开，推动财务人员转型升级。在初期业财融合阶段，财务人员要主动融入业务流程，要求财务人员承担起“记录者”的责任，整合数据、实施财务分析，并迅速处理信息平台中的交易事项；在全面业财融合阶段，要求财务人员承担起“问题发现者”的责任，并对业财融合实施过程进行监控，对业务提前进行预算、可行性分析，完成对业务的全方位支持；在管控业财融合阶段，要求财务人员承担起“战略伙伴”的责任，完成战略制定、投资管理、项目评价、风险管控等工作。第三，业财部门协同保障。定期组织交流会，业务部门、财务部门的负责人应定期进行沟通交流，共同研究探讨业务流程出现的问题，形成解决方案；要求业务部门及时向财务部门提供业务信息，而财务部门也要定期向业务部门提供财务信息、市场信息等，在企业内形成信息环流，促使企业财务部门与业务部门协同发展，实现信息共享。第四，业务流程标准保障。在业财融合展开的初期，企业组建起流程再造项目组，对企业当前存在于业务流程中的问题进行挖掘与分析，并设定针对性解决方案。同时，设定了四项中短期工作目标，包括：更新部门职责、优化业务流程、完善制度流程文件、梳理管理层权限清单，以此推动企业人均劳动生产效率、运营效率持续改进，最终实现企业发展战略与目标。在此过程中，由流程再造项目组与企业人力资源管理部门联合展开工作分析，制定岗位责任说明书，确定各个岗位（特别是财务管理岗位）的工作任务、职责内容、责任权限等。第五，管理层面支持保障。提前与相关部门展开沟通，依托“高层领导、部门协同”的模式推行业财融合。

第四节　增强大数据时代企业的财务风险管理能力

大数据时代，业财融合在企业的内部实施，对于企业的财务风险管理也提出了新的要求，要求企业在自身的内部管理实施方面，充分借助企业内部的信息管理系统以及数据分析系统，建立完善的财务风险控制体系，增强企业的财务风险管控能力。在大数据时代做好财务风险管理，应该重点集中在以下几方面。首先，建立完善的短期财务分析指标体系，尤其是通过对企业日常经营活动中的现金流状况、资金使用状况、成本控制状况、企业利润状况等，增强企业的资金管理，确保企业具有较强的流动性，防范控制风险问题。其次，建立完善的长期有效的财务预警系统，重点围绕企业的偿债能力指标、盈利能力指标、经济效益指标和资产管理指标等，建立完善的财务管理以及控制体系，从根本上有效防范财务控制体系。最后，针对财务风险管控，建立完善的财务风险控制管理制度，尤其是突出大数据时代数据信息安全管理，防止大数据时代由于内部数据信息流转以及共享过程中出现的核心数据泄漏等风险问题。

一、培育企业决策层的大数据风险管理意识

企业大数据时代下的财务管理离不开决策层的支持，但传统的数据分析对于企业决策层来说轻车熟路，他们也有过依靠大概数据做出决策并取得成功的经验。同时，成本高昂的大数据处理工具所带来的企业效益的提升可能难以准确量化，风险管理很难到位。这些因素可能会造成企业决策层对大数据管理的质疑甚至排斥。但是企业管理层必须要意识到，当今的市场竞争越发激烈，以大数据管理为特征的时代已经来临，如果企业不能意识到这种变化，不能从大数据中迅速识别风险和发掘商机，在未来的行业竞争中将不可避免地被击败。企业意识形态

更新的最大推动力来自决策层的重视，只有培育企业决策层的大数据风险管理意识，并加强组织领导工作，才能从根本上树立企业的大数据风险管理意识。企业管理者可以通过学习大数据与财务决策方面的新知识，开阔新视野，主动适应大数据时代的财务决策工作方式，从而熟练运用大数据等分析手段，对公司的现金流、资源配置、风险管控等进行深度洞察，进而提出决策建议，把资源配置到快速增长的领域，为企业创造更大的价值。

二、加强大数据时代复合型财务人才的培养

大数据时代背景下，市场对高素质的财务人才的需求也在不断增加，因此，加强大数据与财务方面复合型人才的培养仍是企业进行财务决策工作发展的重中之重。首先，要吸纳多专业、多领域的人才组建财务团队，吸收财务管理、IT专业、数理分析、行业管理等方面的专业人才，推动信息化、标准化、模型化。其次，培养复合型人才的管理者，由其统筹、引导、规范、统领和驾驭团队高效开展工作，充分发挥财务专业价值和团队的复合价值，建立新型财务信息平台、投入产出模型、财务模型和预警新机制，为决策者提供有价值的决策依据。

三、重塑企业文化

企业从海量的大数据中要挖掘出对企业决策有参考价值的数据，需要经历发现、提取、加工、创新等一系列复杂过程，同时需要企业全体成员参与数据的管理和控制，形成以数据为支持的决策导向。这就需要完善企业生态系统的数据处理制度，形成重视数据处理与应用的企业生态系统文化，建立起企业员工对数据处理和应用的理念，通过员工技能培训、学习、讨论、考核等方式深化企业员工对数据开发和应用的意识，让企业生态系统全体成员普遍接受以数据应用为核心的工作方式。在企业生态系统成员之间建立行之有效的知识激励机制，包括知识明晰机制、知识奖惩机制等等，以形成特有的、规模化的、不断创新的知识资产和核心生产要素，培育重视大数据处理和应用的企业生态系统文化。

四、做好信息安全与传递

为确保稳定发展，企业需要强化自身的信息安全维护，对安全保障体系和规章制度进行构建，如：在企业内部设置黑客防御系统、数据隔离功能，在一定时间内检查并升级信息系统，杜绝企业信息数据被盗取。在日常经营活动中，应及时备份相关数据，且采取合理有效的策略对突发事件进行处理。

五、培养优质复合型管理会计人才

大数据时代的到来,使得管理会计人员除了要掌握扎实的专业知识外,还要精通计算机及应用系统软件,具有数学、统计学等相关知识,以及大数据挖掘筛选、分析处理的信息技术。另外,企业应加强业务活动与财务活动的有机融合,因此管理会计人才还需要了解整个企业的业务状况、资金流动以及信息的链条,提高财务人员的全局思想。企业一方面可以通过在社会上进行人才招募,另一方面可以对现有员工进行培训或派出学习,缓解大数据时代下复合型管理会计人才的需求压力。

六、实现数据赋能

数据中台是用数据赋能业务,使得企业能够从交易源头实时获取外部上下游、内部各单位之间的业务资源,将传统数据仓库扩展到企业级所有数据的更大领域,打通底层数据,对这些数据进行数据采集、数据治理、数据建模和各类分析服务。从生产源头到终端销售,大数据在供应链的各个环节都发挥巨大的作用,以制造业为例,可建立基于数据中台的管理会计信息在供、产、销环节的应用框架。采购活动是企业生产经营的物资准备阶段,主要是利用资金购买日常生产所需的原材料、包装物等劳动资料和劳动对象,往往代表着公司最大的支出,会占到总成本的50%~90%。在这一环节借助大数据、云会计等信息技术,可以实现采购业务信息和财务信息的共享,优化采购渠道选择,辨别各个供货商的特点,将供货商整合进数据系统,这对企业来说将能实现成本的巨额结余。生产活动在企业运营中发挥着传输作用,将企业投入的原材料、科技、人力资源以及技术设施(比如厂房和生产线)等转化为企业的产品和服务。许多企业将大数据分析应用在库存管理、产品质量、设备维修保养以及员工业绩考核和企业能力限制等方面,可以改进生产的各个环节。在制造业领域,大数据背景下的管理会计可以实现对产品需求、产品价格的定量预测,还可以通过对互联网数据的采集,针对用户使用行为、偏好进行个性化设计,实现产品从设计到交易的完整环节精准化。

第五章　大数据背景下业财融合案例研究

第一节　国有企业的业财融合案例研究

本节以大数据背景下的 A 商业银行业财融合作为案例，系统总结了 A 商业银行业财融合的现状及融合成果。

一、A 商业银行业财融合的现状

1. A 商业银行基本情况

A 商业银行作为商业银行是以盈利为主要目的的货币经营企业。A 商业银行成立于 20 世纪 40 年代末，在 2012 年以多家商业银行为基础进行合并重组设立升级为地方法人金融机构，是在省委、省政府领导下的大型国有企业，自设立以来，A 商业银行以立足“地方政府银行、实体银行和城乡居住人”的定位，以金融创新为原动力，实现了良好快速的发展。在企业治理、业务开展、队伍建设、机构设立、内部控制等方面都取得了飞快的进步。截至 2013 年，A 商业银行员工人数达到了 3 000 余人，共设立金融机构 120 家，实现了城市区域普遍覆盖与城乡重点覆盖的初步计划，并且计划在未来实现省内全面覆盖。目前，A 商业银行已经开始着手根据业务的实际情况进行探索；同时，也逐步开始对机构整合、市场管理、营销方式、信贷业务、会计业务等主要环节进行优化处理，致力于提高效益，优化资源配置，充分利用高科技发展带来的好处，借以提高各个环节的效率，并已在相关领域取得了阶段性成果。

2. A 商业银行现状分析

2012 年 A 商业银行开始筹建大数据业财共享平台，目标在于打造先进的信息中心，实施数字信息化管理，稳步提升 A 商业银行的竞争力。2013 年，数据系统中心初步开始运转，主要为银行内部不同人群提供相关数据，比如：为高层领导提供银行业内部主要变动、机构排名等，为业务部门提供业务量的统计分析，重点客户分析等。截至 2014 年，A 商业银行实现了初步对大数据业财共享平台的构建，并在大数据业财共享平台的利用方面取得了阶段性的成果。2015 年开始至今，A 商业银行着力将大数据业财共享平台逐渐实现全行内部的整体化结合,并开始关注大数据业财共享平台与会计业务流程再造的结合,目的在于建立高效的前台业务办理方式,从而降低客户投诉率以及增加客户的体验。然后逐步实现会计业务流程全方位的改造,包括大数据业财共享平台的结合利用、风险控制、客户信息管理等,从而进一步提升 A 商业银行的竞争力,在借鉴与探索中,实现 A 商业银行大数据业财共享平台与会计业务流程方面的完美结合。其中,较为显著的成果是在2015 年,大数据业财共享平台帮助分行网点对 ATM 机的交易使用度与交易类型进行了分析,通过对调查分析网点的 ATM 机在一定时间内的情况进行采集得出,某些 ATM 机的使用率不到其他 ATM 机的一半,进一步研究发现,这些 ATM 机的摆放存在问题,这样 A 商业银行就对 ATM 机进行了更合理化的安排。同时,从大数据的分析结果来看,有的 ATM 机还存在存款业务不存在的情况,这也证明 ATM 存储一体机在这个区域并没有得到充分的利用。通过对取款业务和存款业务的监控,可以得出 ATM 机最合理的现金储存量,这样 A 商业银行便能够对 ATM 机的现金存储进行更合理的安排,从而降低成本,并且也使银行对货币现金的利用率得到提升。

二、大数据背景下 A 商业银行存在的问题

1. 会计组织管理模式的问题

目前,A 商业银行正在向流程化银行转变,银行传统的会计组织管理模式在很长一段时间内,对银行的业务开展和经营效率等方面起到很重要的作用,但是随着大数据的发展以及金融市场的日趋多样化,银行传统的会计组织管理模式显现出无法适应市场的情况,具体表现在:①会计信息传递低效。A 商业银行目前实行的是“总行—省分行(直属市行)——一级支行—二级支行—网点”的传统银行会计组织划分,一级支行下设二级支行以及一级网点,同时在二级支行下再设二级网点,并且每个分支机构能够单独完成会计核算,这也使得银行会计管理组织层级划分过多。各分支行网点拥有健全的部门组成,同时拥有一定的独立管理权力,在这种级别分明的管理模式下,必将导致信息传递链过长,信息流通不畅。②对于机构管理的划分存在众多分类,科层制现象明显,导致上层管理者无法及时做出正确的业务发展判断和决策,从一定程度上阻碍了银行的快速发展。另一方面,由于缺少会计信息整合的系统,多数分行的会计信息难以统一规划和整合并处于闲置状态,仅在需要时,对相关信息进行重新整理收集,增加了银行的运营成本,同时这些会计信息在目前的体制下,还会成为分行的负担,储存会计信息的成本将无疑增加,同时由于传统财务业务模式的弊端,导致由业务产生的会计信息

延迟，使得大部分会计信息难以充分利用。③部门间数据无法有效分享。由于数据信息对于银行属于稀缺资源，银行在对数据分享时又过于强调部门与层级，那么数据会在部门间形成“信息孤岛”或者“被截取”，那么在调取时就会比较困难，且相当一部分数据的时效性将大大受到影响，能够让数据增值的环节往往不能及时有效地提取数据，对数据资源的利用产生了浪费，阻碍了经营绩效的提升。同时由于数据的共享问题，对银行员工的个人积极主动性也产生了不利影响。与大多数传统银行的内部设计类似，A 商业银行的各个部门一般只负责各自业务范围内的产品设计与运营，不涉及柜面的操作，这就使得财务部门无法与其他业务部门有效地共享客户资源信息。比如信贷业务的办理，信贷部门负责对客户的信贷申请条件进行监督以及贷后监督，但是放贷环节需要银行的财务部门完成，这就使得财务部门与信贷部门不断沟通协调，使得业务办理周期延长，影响客户体验。同时，在其他业务部门需要有关客户资金方面的信息时同样需要不断地与财务部门进行沟通，导致内部信息的流通时效受阻，信息利用率低下。

2. 会计业务流程分析及存在的问题

A 商业银行以信息为主体，通过专门的程序方式，对经营活动和财务信息进行处理和控制，为相关需求者提供财务信息。通过三个关键步骤完成信息的输出，从数据收集开始，经历信息的处理与储存，到最后的财务报表等形式的输出，传统会计业务流程相互之间关系紧密，同时每个步骤又有自己的任务，相互之间的配合构成了传统的会计业务流程。

(1)传统流程过于简洁。核算与监督是传统会计的重要职能，A 商业银行一直遵循着传统的会计流程。在一项业务办理完成后，财务人员会依据原始凭证编制记账凭证，又或者用原始凭证进行账簿登记和财务报表的编制，并且一直惯性地执行着简易的部门上报—财务部审核—领导层复核的传统流程。同时财务人员基本不涉及业务的内容，只是对业务单据进行传递与录入系统，对于财务信息的分析更多的仍是关注传统财报中的数据，很少根据业务部门的需求主动提供相关财务分析。由此可见，上述简单、传统的会计流程不能为银行应对复杂多变的市场提供有效帮助。

(2)会计科目设置多样化。对 A 商业银行的调查统计发现，A 商业银行的会计科目设置存在个别科目过于简单化，缩减科目次级，有的科目则是对末级科目过于细化，导致有个别一级科目间存在重叠的情况。比如，在“同业存放款项”下设置二级科目“境内非银行金融机构存放款项”，同时在一级科目“各项存款”下设置二级科目“非存款类金融机构存放”，科目的核算存在重叠，势必会导致会计信息的偏差。还存在对一些会计科目核算的内容不一致的情况，例如，“其他应收款”，A 商业银行除了按照正常范围核算外，还存在扩大核算范围的情况。这导致最终的会计报表很难真实反映业务经营状况，也势必无法为管理者提供有用信息。

（3）会计信息化不统一。目前，由于业财融合没有完全开展，A商业银行内部存在多种应用软件：对公会计、外汇会计、房贷会计、信用卡会计等。同时每套会计软件实行不同的会计制度，并且由于会计科目设置不同，电算化的范围也不同，数据收集的情况也大相径庭，为统一核算会计信息带来了巨大的困难。

（4）会计系统硬件有待更新。通过调查发现，A商业银行的内部会计系统仍然是沿用传统构架，会计系统无论是响应速度还是软件设计人性化方面都有不足，且由于硬件陈旧以及软件设计更新不足等问题导致对该系统的利用率也在逐年下滑，但是银行方面仍然需要支付大额的维护费用。另一方面，在面临大数据时代的到来时，内部的系统无法实现与外部数据信息的完美对接，导致A商业银行始终无法开展大数据发展方案。

（5）针对客户的会计信息有待深度挖掘。随着一些新兴的营销模式的出现，许多互联网公司都对客户进行了详细的划分和挖掘，然而A商业银行对客户的信息仍然只是简单的储存和备查，基本没有进行深层次的利用，银行很难拓宽自己的市场范围，在第一时间抓住市场风向以及挖掘潜在客户。

三、在大数据背景下A商业银行业财融合的整体方案

1. 大数据背景下A商业银行业财融合的必要性和可行性

（1）业财融合的必要性。

面对互联网金融的快速发展，各商业银行管理层已经开始注重有关大数据的研究以及业财融合研究。目前，在一些银行已经有相应的案例，通过业财融合，实现了银行效率的提升，营运成本的降低，客户体验度的提升，银行竞争力的增强。

首先，业财融合可提升银行会计信息质量。利用先进的信息方式，彻底优化传统财务业务模式，并充分发挥大数据的效应，可有效控制风险，实现对会计信息的实时、准确、有效的采集及利用。

其次，业财融合能弥补A商业银行自身竞争力的不足。A商业银行采用的是传统商业银行的经营管理模式，缺乏竞争力，不能够适应日益多样化和个性化的市场。同时随着市场的日益复杂化，我国商业银行面对着更为严峻的考验，在这一背景下，A商业银行的业财融合一体化显得尤为重要。大数据背景下的业财融合，可以准确地预测市场的风向，帮助银行规避风险等。提升银行对产品的创新，丰富营销手段，提高会计信息的质量，从而进一步提升自身的竞争力。

最后，业财融合将加速以客户为中心思想的渗透。越来越多的企业都以“客

户的需求和预期”作为企业营销和管理的出发点,并取得了不错的效果。随着客户消费观念的成熟以及市场上产品的日益丰富,客户的价值观念也在逐渐发生转变,越来越多体现出客户自己的价值和个性化的追求,这就需要银行及时得到市场风向的变化,及时获取单个客户的多样化与个性化的要求,最终导致需要处理的业务更加复杂多变,对财务信息质量的要求更高,对于产品的性能、质量与价格等因素的要求也呈现多样化,因此,传统的财务业务模式很难满足这样的市场变化,迫使 A 商业银行必须进行业财融合一体化,以客户的需求为主导,并结合大数据的强大数据处理和分析能力,对产品的个性化以及市场的风向做出及时的应对,以高质量的财务信息助力基础服务业务的发展。

(2)业财融合的可行性。

A 商业银行是一家普通的商业银行,与大多数商业银行相似,要想建立自身发展优势,对于 A 商业银行来说,业财融合的推进,财务信息质量的提高,以及与大数据的有机结合,都将成为其提高行业内部竞争力的重要方法。利用大数据以及借鉴其他商业银行的优化经验,对其业财融合进行研究,从而使传统财务业务模式取得质的改变。

①管理理念的可行性。传统财务业务模式几乎涉及银行的所有业务,本节研究主题侧重于大数据思维的业财融合,其中以客户需求为中心理念,纵观大量先进的银行组织通过业财融合或大数据迈上了新的发展台阶,逐步建立了自身的竞争优势,说明业财融合已经融入先进的管理理念当中。

②业务实施的可行性。按照本节的思路,在业财融合的进程中将柜面前后台分开,整体实施标准化,类似流水线的业务流程后,前台负责对各类凭证进行影像模式的处理,并传送到大数据业财共享平台,大数据业财共享平台将所有上传的业务凭证进行拆分并分派给不同后台人员处理,即不再以柜面人员的主观判断来进行业务的办理,后台大数据将业务分配给不同部门人员进行审核并将结果重新传送至前台。从而有助于业务办理所产生的会计信息得以及时处理和整合。

③技术开展的可行性。从目前来看,大数据的建立不存在不可逾越的技术障碍,硬件设施的成本也在逐年降低,所以单从大数据硬件设施方面来看不存任何的技术障碍,具备可行性。纵观国际先进银行组织,均采用先进的计算机网络与商业智能手段进行数据的收集、分析、储存,大数据银行的初步建设已经出现,进一步取代了原有传统银行的业务处理系统。同时,伴随大数据的发展,越来越多的大数据分析公司开始出现,那么对于实力稍弱的商业银行,采用外包的处理方式也会是一个可供参考的方案。对于那些资金雄厚,技术先进的大型银行,可以自主地建立内部大数据的整体构架。

2. 通过会计组织结构变化实施业财融合

(1)建立柜面前台与后台相呼应的会计组织体系。对于组织结构的变化主要是将原有柜面细化分为前台、后台。其中前台是不同地区的不同网点;后台则是总行大数据业财共享平台。前台大堂经理、客户经理、产品推广销售柜面人员受理客户、核对信息、扫描影像,大数据业财共享平台集中处理中心将信息集中处理及监督、授权。第一是营业网点。营业网点中的大堂经理(客户经理)主要负责客户的受理及产品的销售,当客户来到营业网点办理业务时,大堂经理(客户经理)要根据客户需求指导客户至其需要办理业务的区域,做好柜面业务办理的前期准备工作。柜面工作人员主要负责受理客户的业务申请,审核客户证件的真实性和时效性等,随后进行用户档案的建立,扫描原始凭证到后台大数据业财共享平台集中处理中心并对客户进行信息回馈等工作。第二是总行大数据业财共享平台。该平台主要承担着各网点提交的会计业务开展集中化作业处理,负责会计管理、业务统计考核等工作;同时对各营业网点所上传的影像资料集中处理,具体包括验印、账户管理等集中处理事项。另外,大数据业财共享平台要对全行的会计业务进行实时监控、调度、临时授权等,并担负着对全行会计业务的总体统计工作,同时也要完成对分行进行会计管理和业务统计考核的工作。此外,也是对接内部信息流的核心处理系统,各个部门的信息系统都将连接至该平台。

(2)重新构建财务部门的组织结构。重新构建财务部门的组织结构,在新的组织体系中明确各部门具体的工作职责,将财务部门按照其职能的不同分设总行核算中心和总行管理中心,包括财务部门总行核算中心综合业务部门、清算汇划部门、票据交换部门、内部财务部门、网点前台部门、总行管理中心风险监督部门、对账部门、档案管理部门、综合管理部门。总行核算中心主要将以往的分散会计核算工作集中到总行大数据业财共享平台处理,主要负责全行的会计业务核算工作,包括全行资金清算、网点上传到总行大数据业财共享平台的业务办理申请等。核算中心按照处理内容可以设为网点前台部门、票据交换部门、清算汇划部门、内部会计业务部门、综合业务部门。总行核算中心业务部门职责:综合业务部门非记账等相关业务集中化操作和大数据业财共享平台的业务完成后的后续工作;清算汇划部门集中化处理资金清算后资金结算等相关业务;票据交换部门集中化处理同城票据交换及相应业务的办理;内部财务部门集中化操作非资金清算等相关业务,网点前台部门业务初审总行管理中心则重点负责内部会计工作,主要包括对会计业务的监督、财务人员管理和客户档案管理等,可分设风险监督部门、对账部门、档案管理部门、综合管理部门等。通过会计业务流程再造来实施业财融合。业财融合的全面推进需要业务流程再造的进一步助推,A 商业银行构建出以客户需求为重点,利用前后台分离处理的全新模式,简化前台的操作,使客户在体验银行服务的时候感受到规范、高效与人性化。

(3)借助大数据实施前后台分离,提升整体效率合理化的再造。主要是在原有再造理论的基础之上融入大数据的思想及系统,在实现前后台有效分离的基础上,使大数据成为银行后台处理中心的关键环节。该环节主要是为了解决A商业银行前台的效率问题,将会计的核算从前台移至总行大数据业财共享平台,将业务的受理与管理把握在总行,柜台只需要对业务进行初步受理与凭证合法性、真实性的审核,并且把工作重点放在与客户的交流沟通和对客户的服务上来,以此提升客户体验,增加客户对于银行的满意度。

(4)细分优化岗位职责,降低业务差错率。对A商业银行营业网点的调查发现,大约有60%的员工都在从事会计核算工作,而在营销与服务方面安排的人数不到40%。为更适宜当前盛行的以客户为中心的管理理念,对于A商业银行来说,将总行管理中心业务部门、职责风险监督部门利用大数据业财共享平台对全行业务的开展的事前、事中与事后的监督,并承担相关财务业务报表信息、业务开展状况的监控与审核对账部门银行对公业务中的对账工作顺利开展,细分开来包括日常对部门系统的维护、对账单据的管理与公司对账回收款项等,另外也包括行业内部的对账工作,档案管理部门对全行不同部门上传至大数据业财共享平台的客户档案、凭证等的管理和核查工作,并辅助档案系统的建立和完善综合管理部门综合管理银行内部的会计业务工作,如网点人员配置、业务人员操作权限的设定、业务开展的分析等工作。前台的会计工作人员将机械性的工作交于总行大数据业财共享平台,从而使前台的工作人员更好地为客户进行服务,提升客户的体验,并将业务办理的效率整体提高。

细分后的岗位设置由前台岗位和后台岗位组成。前台岗位设在营业网点,后台岗位设在总行。

前台柜员岗位职责主要包括对业务进行初步受理,随后对票据的真实性、合法性和完整性进行人工确认,并录入基本信息,确认无误后将业务办理请求连同扫描信息一并传送至总行大数据业财共享平台,然后等待总行办理结果,该过程可与向客户介绍金融产品或询问客户服务体验等同步进行,随后将总行回执信息反馈给客户,最后打印客户回单等。网点主管负责前台柜员工作的监督与辅助、考核等,同时辅助前台审核重点票据、接待银行重要客户等。

后台岗位业务上传至总行大数据业财共享平台后,系统首先根据业务种类进行分流,该过程可以在网点初步审核时将业务种类加入上传信息,加快业务的分流办理。随后在不同财务部门设计类似岗位以办理部门相关业务。业务信息审核录入岗位:对系统无法识别的信息进行详细审核录入。业务差错处理岗位:对系统审核录入的问题差错信息或者人工录入的问题出错信息进行再次审核确认。授权岗位:负责授权工作人员进行差错处理;能够对业务办理进行重新分配并能够对业务办理的优先顺序进行分配。监督岗位:对于已办理成功并记账完成的业务进行随机抽样监督,对于问题做抹账处理。

再造会计信息储存管理模式,加强信息质量。在金融业务互联网电子化的趋势发展下，传统银行仍然将会计纸质凭证作为办理业务的基础，并且大量的业务数据信息仍然由财务人员手工输入，同时由于考虑到电子储存信息的不稳定性和人工差错的可能性，还要求对会计纸质凭证进行归档，而银行日益增加的业务量和复杂的业务种类，势必会造成大量的人力资源和物力资源的浪费，大大增加银行后期的维护成本，降低银行的整体效益。虽然A商业银行在电子影像储存方面也有所要求，但是随着信息量的增加，传统的数据库根本无法适应市场的变化，所以需要对原有的信息管理进行再造，以适应大数据背景下的发展趋势。首先，将会计信息管理搬移至大数据业财共享平台，通过对前台影像处理硬件设施的升级，提升会计凭证电子信息的质量。其次，培训后台财务人员对于大数据相关金融知识的了解和掌握，培养会计工作人员的大数据思维模式，使财务人员对依靠大数据业财共享平台的会计信息储存有所了解。最后，整合会计信息系统，将以往分散处理的会计信息系统进行整合，实现统一化管理，将客户的资料、业务凭证、身份证复印件等会计纸质凭证都通过OCR扫描成影像，纳入会计信息管理，实现影像化、无纸化的会计信息管理，然后依托大数据业财共享平台实现对会计信息的随时化快速查询和调阅。完善会计科目的设置，提高核算水平。对于前期调整工作，若银行内部专业力量不足，可向会计师事务所等专业会计机构寻求帮助，在遵守相关准则和制度的前提下，根据A商业银行的特性、会计核算简便、具有一定前瞻性、有助于提高会计信息质量等类似原则，设计出全新的会计科目，借以改变以往会计科目设置的弊端。同时统一银行内部的核算方法，核算体系。优化以往因为地区、业务等因素造成的核算科目等不一致的问题。通过大数据业财共享平台的后台监督作用面对网点会计报表科目、科目核算中的问题及时发现、处理。通过对银行内部会计核算的不断统一，彻底清查会计科目设置不合理以及核算范围模糊的情况，逐步规范会计科目的设置，并明晰会计科目核算范围。

3. 通过主要业务的流程再造实施业财融合

(1)对公业务开户流程再造。本节选取对公业务开户流程进行再造，一方面从A商业银行实际的运营情况来看，对公业务占据一定的业务量，同时由于对公业务的流程较具代表性。另一方面，其他业务流程的再造可以参考对公业务流程的再造。在以上提出的前后台分离的改造基础之上，实现对公业务流程的再造。可以看出，在该流程中，客户把业务办理凭证提交给柜面人员进行初审，然后柜面人员对客户提供的资料进行扫描并传送至总行大数据业财共享平台，请求总行相应岗位人员对业务进行授权，随后系统进行自动验印，若通过则继续进行下一步操作，如若未通过将反馈给柜面人员核实真伪，这将在一定程度上提高风险控制的能力。综上所述，新的业务流程不再将所有工作交与前台柜面人员，而是把大量集中性的审核录入工作交由后台集中处理，通过前后台分离来减轻柜面人员的压力，缩短了客户在办理业务过程中的等待时间，同时柜面人员可以更多地与客户交流沟通，向客户宣传产品与服务，并能够有效地接受客户的意见，快速了解客户的感受和需求，从而协助业务部门对金融产品的创新。同时，标准化的后台集中处理流程，也将借助大数据完成验印、记录等以往依靠人工完成的工作，这样可以有效地将风险控制环节集中转移至总行，有效减少了风险的发生，使总行能够对风险实现全局把控。

（2）引入决策树，让信贷审核实现可定制。在对计算机的自主学习当中，决策树是一个很常用的预测模型，简单地说，就是计算机对客户的属性进行递归分析，借助数据库对客户提取的数据进行逐一分割测试，这个过程可以理解为对决策树的裁剪，当最后不能分割或者仅有一个分支存在时，递归完成，决策树此时的结果就是预期最佳结果。

（3）解决小微企业贷款风险，让历史问题得以根除。传统的风险控制模式，银行普遍采取要求申请企业提供征信资料、抵押物以及客户经理现场考察的方式进行，该方式在面对一些大型企业，尤其是上市公司时较为有效。但是面对为数众多，市场相对空白的小微企业贷款时显得捉襟见肘，往往难以对风险实现控制。这主要是由于传统评估模式周期较长，往往以月、季、年等为单位进行衡量，限制了征信评估的及时性，为此银行往往采取更多的人力来缩短时间，但又增加了成本。总行中心大数据可以大大缩短征信的审核时间，并且能够通过利用评估模型，多维度分析企业信用以及企业贷款方面的信用，建立数学模型准确及时地分析出客户的信用，减少银行后期的运行成本。

（4）完成贷前、贷中、贷后的风险控制，让风险控制逐步完善。在贷前环节，目前 A 商业银行对事前风险的控制多是采取传统信贷审核的方法，但是随着科技信息的发展，贷款的手段也日益复杂化，A 商业银行在 2012 年大数据业财共享平台建立完成后，曾对贷款风险率与家庭住址距离之间的关系做过一次尝试的统计，这次尝试使 A 商业银行得出了一个大致的结论，申请人家庭住址距离网点距离越远，其贷款存在风险的可能性越高。这一项测试可以加入银行日后的贷前审核环节内。诸如此类传统信贷审核不关注的非结构化数据，银行在日后的发展当中应予以重视和开发利用，有助于提高银行的信贷审核质量。同时，贷前在客户审核信息方面，不再单纯依靠传统信贷审核，借助建立的客户信息库，完善客户的信息的同时，在客户办理贷款申请时，对客户信息实现全方位的审核，建立客户“雷达”图，综合评价客户的信贷水平，相当于在原有的审核流程中加入大数据的审核步骤，包括客户多维度信息、综合评定“雷达”图等，对于人行征信中心不存在信息的客户，通过大数据业财共享平台对其网购消费等互联网消费数据进行评定，然后综合评定，得出相应的评分，这样既能提高审核通过率，同时对于客户全方位的审核也能减少日后不良贷款的发生。

在贷中环节，总行大数据业财共享平台拥有强大的运算和储存能力，通过对风险模型的计算记录，能够对风险实现预警，并且及时获取新型风险，对可能出现但还未出现的风险也进行记录，预防风险的出现，具体表现为财务人员借助大数据业财共享平台对包括信用变化、债务状况流水变化、联系人状态等进行实时监测，并设置数据增减范围以及关注名单，同时对相关规则进行参考范围的设置，后台系统对数据的变化进行识别和量化，当超出安全范围时，将及时对财务人员进行反馈预警，对以往人工参与，工作量巨大且效率低下的事中监督工作进行了良好的再造优化。

对于贷后环节，多出现在对用户的催还款和不良用户失联状况的解决上，A商业银行以往采取贷款人住址、工作单位等实地寻找的方式，耗费大，且实施效果一般。借助大数据会计业务流程的再造，可以实现全网络追寻失联客户，大大减少财务人员的催款核算工作。目前A商业银行已经通过一些互联网的方式对客户进行贷后管理，从不同渠道对逾期客户施加压力，逾期客户有所减少。后期，在大数据业财共享平台的基础上，银行应增加催还款渠道，全方位减少不良逾期的产生。

由于传统银行要更深层次地进行互联网金融的开发，那么就必然要面对越来越多的陌生领域以及客户类型，这需要财务人员与时俱进，在大数据业财共享平台的支持下，将银行业务与信贷审核逐步紧密结合，然后在面对不同客户需求、不同市场情形时能够进行单一化的信贷审批规则的开发，利用决策树等先进的计算机技术对客户进行详细的递归分析，得出精准与全方位的客户信用评级，使信贷的审批环节能够适应烦琐的变化，降低信贷风险的同时实现信贷产品的可定制化，在最大程度上开发潜在用户，提高市场占有量。同时，从信贷的贷前、贷中和贷后环节全面有效地通过大数据进行业务流程再造，整体把控风险，降低A商业银行不良贷款的发生率。

4. 业财融合效果评价

（1）信息传送渠道快速，提高管理决策水平。在进行会计业务流程再造后，前台工作人员的整体时间节约了50%左右，大大缩短了办理时长，将减少客户因为办理业务时长产生的投诉。同时由于业务流程再造完成后为前台柜员对客户进行营销留下了大量时间，同时也为收集客户非结构化数据提供了契机。在完成初步改造后，A商业银行对客户体验进行了随机调查问卷的采集，从采集结果来看，对比之前，在基本满意度方面，客户的整体服务体验得到了大幅提升，客户不再有以往的不良体验，全新的业务流程得到了客户的一致好评。

对于会计风险体系的再造，除了对原有较为重视的事中监控和事后监控进行补充，对于事中监控的不足用大数据来弥补，从而使风险的监控更加全面。由于以往会计事后监督的延迟性，使得很多业务的风险并不能及时地被鉴别出来，那么，再造后的事后监督，使财务部门能够实现全天候的监控，不仅对客户的监督，对银行网点的监督也更全面，而且由于高新技术的引入，使风险更易被识别出来，减轻财务部门的压力的同时，将财务人员更多的精力用在模型的开发与数据的挖掘等充满潜力的方面。此外，由于风控能力的提升大大改善了以往A商业银行贷款业务的一些情况，在传统的征信流程中，完成一笔贷款业务往往需要一个月左右的时间，而且面对更为复杂的情况时，周期将会更长，改造前的效率低下，导致部分客户流失，同时由于征信信息的单一化，导致征信的信息无法达到一定的精准度，评分与客户的真实信息出现偏差，使财务人员面对这些问题时显得心有余而力不足。但是通过流程的再造，以及大数据业财共享平台的融入，对客户的数据完成了多维度的丰富，扩大征信范围，不再一味地依赖传统的征信系统，同时对流程的再造可以省去人工审核环节，实现批量审核，迅速放贷的全新模式。

（2）改造后不良贷款的召回率上升。通过大数据业财共享平台对贷后管理的介入，笔者经过一些数据收集发现A商业银行内部综合召回率大幅提升，且客户逾期率得到有效减少。在一定程度上，降低了银行整体的风险，进而提升了银行的整体效益。改造后的追回不良贷款的渠道得到大幅度补充，从多个方面对不良贷款人施加压力，提高了不良贷款的召回率。

（3）柜台业务办理差错率降低。大数据加入银行风险控制后，通过对关键业务环节的把控，以及业务操作流程的进一步统一规范化，降低了以往由于人为原因造成的业务风险，并且实现实时监督，对发生的风险机制控制处理。统计发现，A商业银行的前台业务差错率在逐年降低。

（4）市场占有率扩大。对于客户信息管理的再造，将进一步辅助银行转变传统理念，将客户数据作为银行的核心资产，更好地面对日益多样化的客户需求，让银行对客户更具洞察力，进而能够针对客户的行为偏好以及特点采取个性化营销的模式。这一跟进先进银行组织的再造模式将彻底改变A商业银行原有的服务状态，将提升客户的满意度，从而帮助银行争取更大的市场。

从经营状况的变化来看，在2012年之前，A商业银行每年的业务增速缓慢，在2012年的时候速度更是进一步下降，其中一方面原因是A商业银行对大数据的投入，另一方面是行业内部竞争加剧，互联网金融的竞争，迫使A商业银行的利润空间被进一步压缩。2012年之后，A商业银行借助大数据业财共享平台的建立，业绩开始有了稳步提升，这得益于大数据业财共享平台对市场开发的帮助，以及运营成本的降低和对关键风险的把控。银行会计业务流程再造的初步实施提升了业务办理的效率及客户满意度，从而银行的知名度相应地得到提升，银行的存款业务和贷款业务量都得到进一步提升。营业收入实现持续增长，每期增速15%左右，较业财融合前的6%实现了较大幅增长。同时营业收入增速提高，原因是大数据的建立,和A商业银行初步进行的业财融合较该地区其他商业银行先行一步,所以获得了可观的增长,随后几年增速逐渐放缓,也符合发展的规律,但总体趋势仍然是增长。由于业财融合的促进,A商业银行在吸收贷款和客户方面,拥有了自优势,客户的存款环比增速在2013年实现了大幅增长,达到了16%的增速,可见由于A商业银行的优化升级,一方面使A商业银行的自身品牌优势建立起来,同时,得益于大数据的建立和业财融合的进行,使A商业银行的业务种类更加丰富,业务更加适应市场的发展,多层次、多方位、精细化的业务开展,吸引了一定量的客户,从发展趋势来看,能保证每年18%左右的增速,较业财融合前每年5%的增速实现了大幅度的增长。同时由于信贷业务流程的简化,以及风险环节的重新建立,对贷款业务方面,A商业银行能够准确全面地审核客户信贷,并且做到快速审核,快速放贷,改善了以往“错筛”“漏筛”的情况,以此扩充了贷款业务的发展。综合来看,A商业银行业财融合初步实施具有一定的积极作用,大数据的加入也达到了预期效果,可以预见如果大数据和业财融合的全面深层次实行,将会更好地促进A商业银行的发展。

在完成大数据背景下的业财融合后,A商业银行还将会面临着新的风险。由于新的业务流程是一套相对较为动态发展的体系,随着大数据业财共享平台的不断完善和升级,业财融合的深入进行,A商业银行将会面对一些较为深层次的风险,这需要借鉴其他先进银行组织的经验,同时培养银行内部人才,为新型风险问题提供人工与智能相结合的解决方案。

5. 业财融合后的风险及控制

对高新技术的依赖,势必会面临风险的不定化和复杂化。众所周知,计算机信息技术从诞生之初,其“双刃剑”的特性就已经十分明显,A商业银行在享受高新技术带来的机遇的同时,势必也会受到计算机两面性的影响,比如,网络的稳定性、硬件设施的兼容性等。商业银行的发展本身就面临着众多风险,A商业银行在完成业财融合后,如果大数据业财共享平台出现故障,那么将会导致银行所有的业务受阻,产生的影响可想而知。所以在业财融合开展的过程中,势必要对这些潜在的高新技术信息带来的风险进行考虑。

全新模式的建立,会造成部分员工的不适应或者离职进而增加风险。首先,会计业务流程的再造以及组织结构的变更对银行的会计业务实现了高效化,并且优化了银行的资源配置,那么银行有可能面临人员安排过剩的情况,那么裁员的措施势在必行,因此所产生的风险也会对银行的发展造成一定的影响。同时,新的流程也会造成一部分老员工不适应,从而主动离职,影响银行组织结构的稳定性。其次,由于将会计业务流程与高新技术和大数据融合,给银行员工的操作带来一定的挑战,在实际业务办理过程中,将会产生因为对高新技术和再造流程不熟悉，导致业务运行不畅或者操作过程中产生操作失误，影响业财融合的实际效果。因此，在业财融合的开展过程中，必须将此类风险考虑到，才能确保在业财融合完成后实现预期的效果。

后台操作风险提升，带来的风险将难以预料。由于前后台的分离化，以及对前台业务办理人员的减压，使会计业务流程大部分集中在后台大数据业财共享平台，虽然在前台操作中有效地避免了风险的发生，但是在总行大数据业财共享平台，会计工作人员可以对一项业务的规范在全行范围内实施授权、指导等，如果后台的人员专业性欠佳，那么可能导致系统监控形同虚设，一旦出现对相关标准进行窜改，那么一定会影响全行范围内会计信息的失真和损失，所以，对于大数据业财共享平台后台的此类风险也应该多加关注。

在业财融合后的风险控制上，针对可能面临的几种业财融合后的风险，A 商业银行需要尽早设立相应的预备方案，有效地解决问题并预防风险的发生，具体措施如下。

①培养强化工作人员的风险意识，逐步弱化风险控制对人工的依赖。通过定期的风险意识培训，提高每一位员工的责任意识，并对培训成果进行考核。同时在完善大数据的进程中，逐渐弱化风险的“人工化”，加强风险监控的“智能化”，减少因为人为因素所产生的风险。逐步将银行风险的管理理念灌输到日常操作的每一个环节，实现系统对员工的约束和思想道德约束的双重作用。首先，应该完善对风险控制制度化的建设，通过借鉴和引进先进的风险预测模型及先进算法和内部大数据不断分析的变量进行的关注，对会计业务流程操作环节进行监督，制定相应的奖惩措施，减少风险的发生。其次，完善预警机制，主动加强对业务流程的监控，提高银行对于风险的可控性，降低风险的影响。最后，改变原有会计核算需要依赖人工的局面，最终实现由“人工化”向“智能化”的转变。

②建立内部信息技术中心，实现对基础设施即时准确的维护。建立银行内部信息技术中心，主要负责可能出现的因为大数据业财共享平台软硬件设施的网络中断、软硬件瘫痪等造成的信息技术风险，完善“风险应对方案”体系的基础设施。一方面，由于该中心属于银行内部部门，那么对于基础软硬件设施的日常维护能够做到及时快速。另一方面，由于银行内部信息整合，各部门间的信息能够实现共享，技术中心可以在业务和财务部门的不断交流沟通过程中实现基础软硬件设施的优化。

③增加不同专业背景的会计人才，加强会计综合专业团队的打造。由于目前日益复杂化的市场变化，拥有不同专业背景的会计方面人才，对于会计信息的关注点和程度也有着不同的专业敏感度，由于大数据需要的就是全方位高素质人才，所以增加相关领域的人才，是大数据业财融合方案得以实施的前提和保证。同时对于不同专业背景的财务人员，在设立岗位时可以因人而异，充分发挥其专

业技能,在丰富会计专业团队后,也相应加强了银行在面对不同客户时的风险预防能力。此外,A商业银行要结合自身的实际情况,积极研发自身的风险预防管理应对体系,从而使银行在日益复杂的市场环境中实现稳定长远发展。

综上所述,在结合国内外相关研究成果的基础上,本节以一家大型商业银行为蓝本,梳理出A商业银行所面临的问题,并指出其是由于A商业银行的业财融合不兼容造成的。因此本节从A商业银行的组织结构、业务流程、财务信息核算三个方面入手,结合大数据的背景,利用业财融合、业务流程再造的相关理论梳理了一系列的业财融合的具体措施,并结合A商业银行初步实施的成果,进一步说明商业银行结合大数据进行业财融合能够在一定程度上破解所面临的困境,推动商业银行在大数据信息时代的良好发展。经过本节的探讨研究,得出了如下结论。

第一,通过组织机构的变化以及业务流程再造和财务信息精准化的核算实现的业财融合,使得业务财务交叉控制影响,实现了业务人员和财务人员的便捷交流。此外,财务部门将能够实现跨部门管理,不仅分析财务报表数据,还要对财务信息隐藏的实质性问题进行挖掘,给不同的决策者提供准确的财务信息和决策依据。

第二,本节对A商业银行的会计组织管理结构进行了再造,摒弃了每个网点都作为会计核算主体的陈旧方式,使会计核算主体精简统一,实现会计核算的及时、方便与准确。财务部门也能够更好地解决业务开展进程中的财务资金等财务问题,保障业务开展过程中不会出现现金缺口和风险,对业务的开展实现全方位把控,有明显的改善以往弊端的效果。

第三,本节在关于风险控制方面也进行了优化,使A商业银行逐步实现风险控制“智能化”,减少人工参与环节,尤其在信贷审核方面,借助多维度客户信息的分析,对客户的评分更加准确,从而降低风险的发生。改变了以往财务部门的被动工作状态,使得财务人员主动到业务开展进程中获取一手信息,避免业务信息的不完整和片面性,同时也能够对传统商业银行的信贷审核进行更加准确的分析,提升银行的信贷业务量,并降低银行信贷风险。

第四,本节在对会计客户信息管理流程再造时,借助大数据业财共享平台对客户信息进行多维度的采集整理分析,并将客户信息统一整合客户数据库,在大数据业财共享平台的辅助下实现A商业银行内部的客户资源共享,重点提高客户信息的使用价值,并借助精细化的客户信息制定个性行销策略,扩充银行原有业务规模。会计信息的统一化、无纸化的管理,提升了会计信息管理水平,降低了银行的运营成本。同时,及时的会计信息处理也能够帮助银行管理层更准确地做出判断,更好地促进银行的发展。

第五,对业财融合的初步实施效果进行简要梳理,发现业财融合的实施能够提高财务信息的质量，同时提高业务办理效率，扩充银行市场，降低风险等。数据显示，商业银行在大数据背景下的业财融合切实可行。此外，由于银行相关数据的保密性强，所以在数据收集上有较大困难，因此在数据方面略显欠缺。同时，由于本节涉及大数据背景下商业银行的业财融合研究，该类问题仍处于起步阶段，问题研究的前沿性，数据收集的困难度，加上作者学识有限，势必使本节研究较为片面。作者将在日后继续从事该方向的工作，继续开展研究，不断进行该方向研究的补充和完善。关于大数据思维的商业银行业财融合还有很多方面有待开发，本节以大数据角度为商业银行提供业财融合的思路，希望能够为今后此类研究提供借鉴。

第二节　民营企业的业财融合案例研究

近几年，在日渐激烈的市场竞争下，随着大数据时代的到来，传统核算型财务需要转型升级才能适应当前发展趋势，目前部分民营企业已开始尝试通过业财融合这一新思路来实现财务转型。本节对民营企业 M 公司业财融合的尝试及有效途径进行了探究，以期能为其他民营企业的业财融合提供一定借鉴。

一些民营企业在经营过程中，业务活动与财务管理工作存在脱节现象，不仅不利于业务与财务工作的开展，还影响企业管理水平的提升，这一现象需要推动业财融合来解决。业财融合是指在企业资源有限的前提下，财务人员在掌握财务目标的同时了解企业的运作状况，帮助企业实现有效的资源配置，财务部门在对业务实施管控的同时也对业务部门提供服务与支持。

在民营企业的财务管理活动中，预算管理、收支管理、审计管理、固定资产管理及存货管理都是十分重要的环节，而以民营企业的预算管理和收支管理为代表的财务管理模式创新，在企业的总体运营和发展中发挥着重要的作用。由于民营企业的组织结构和管理体制建设完善程度有限，因此在企业的财务管理模式上还存在很大的提升空间，尤其是在民营企业的预算管理体系方面。要想从根本上提高中小型企业的财务管理水平，需要在新的预算法框架下，拓展和创新中小型企业财务管理模式，发挥企业财务管理活动在总体经营管理中的基础性作用。中小型企业的财务管理活动将预算管理与企业财务管理相结合，并将企业部门的财权与事权相分离，以实现企业的管理层与财务部门权力的制衡，只有这样才能有序规范企业资金的去向，提高企业投资、筹资及日常运营管理的效率。中小型企业应按照预新预算法的管理要求，优化现有的财务管理模式，发挥企业财务管理和财务监督的作用。创新和优化中小型企业财务管理模式，应从强化企业的预算管理和规范企业的财务管理两个角度同步进行。中小型企业编制切实可行的全面预算，不仅是预算法体系的硬性要求，同时也是规范中小型企业财务管理，充分发挥财务监督作用的内在要求。企业要基于年初制定的全面预算开展经营管理活动，而企业的预算是年度、季度及月度计划制订的依据。企业的预算管理活动也与企业经营、绩效及员工考核密切相连，因此对于中小型企业而言，只有不断地创新财务管理模式，才能够强化企业内部的财务管理管控水平，并有效抵御外部市场的风险。

一、大数据趋势与业财融合趋势下的民营企业财务转型

结合目前的探究，民营企业的业财融合的重要内容是把财务工作者的角色前置，深入挖掘财务数据对业务预计、管理及评估的作用。当前，业务融合的各项理论大致可分成如下几种观念：一是需要财务角色由“记录者”“监督者”以及“分析者”变成“业务伙伴”；二是需要财务给业务带来决策支撑，对业务展开监督、评估；三是主张财务朝业务前段延展，而且借助数字化与智能化清理会计核算过程中的不增值内容；四是主张基于IT环境把企业生产中的业务流程、经费运用与信息流程相融合，令财务信息与业务信息融为一体。

在“互联网+”产业模式和“一带一路”倡议大好时代背景下，响应国家号召，企业结合国家财政部《管理会计基本指引》和《管理会计应用指引》的要求，企业财务的定位和职能都需要发生转变，特别是中小型企业。对于中小型企业而言，上有实力强劲、管理先进的大型企业，下有实力薄弱、结构简单的微型企业，唯有创新转型，学习和借鉴先进企业的管理理念，协同共赢，创造出符合人民群众日益增长的物质文化需要的产品和服务，才能获得长期的经济利益，找到一条出路。同样，企业财务以前只需完成会计的核算和事后监督职能，而如今企业需要不断地创新，企业财务也必须通过创新来为企业提供及时、有效、有决策价值的财务数字和信息。所以企业财务团队建设中，除了要求财务人员转型外，还需要增强财务和业务相融合的综合能力，即通过核算会计和管理会计综合运用，为经营业务活动提供决策支持的能力。财务会计转型既是国家经济发展战略需求，也是企业发展和市场发展的迫切需要，财务会计的转型直接影响着我国企业未来的发展和未来财务管理的趋势。需借助信息系统和一系列管理会计方法和工具，使企业财务从核算型财务会计转变到业务型管理会计并向智能财务发展。

数据系统的使用是业财融合的基础和科技保障。数据是各项工作的基础，“业财融合”需要财务工作者在数据收集、存储、分析等方面加强探索和创新，以数据可视化的信息呈现方式，为业务经营提供信息支持。在当前环境下，原有数据已不能满足日常经营管理决策需要，在深挖财务数据资源的同时还需拓展收集业务资源，这就需要通过大数据系统的使用来达到目标。大数据具有类型多样、体量巨大、处理快速、价值密度低但商业价值高的特点，它的使用能够提高企业对信

息的分析水平，有效推动业财融合进度。大数据系统在业务方面可以深入挖掘海量数据信息，符合烦琐管理与协同优化的要求，令会计工作者可以充分使用公司的财务与非财务数据，支持企业制定战略，从而创新以往的财务模式。

二、业财融合在民营企业应用中的现状

目前，一些民营企业因重视销售业务和销售绩效而忽略了财务管控，使得企业的业务和财务出现脱节现象。

新预算法从宏观层面要求民营企业要重视全面预算的编制和财务管理模式的创新，而对于中小型企业而言，财务管理模式应从企业的全面预算管理和财务核算管理两个方面来理解。中小型企业要在总体经营管理目标的指导下，确定企业的全面预算管理和财务管理的方向与实现路径。作为微观市场主体的中小型企业，应以企业生存、发展及获取收益作为企业经营管理和财务管理的终极目标，并在此基础上研究财务管理模式的创新，从预算管理、资金管理、财务业务平台建设及财务共享机制建立等方面多管齐下，提高财务管理的综合水平，更好地为企业综合运营管理活动服务。在市场经济环境下，民营企业财务管理目标是一种动态、循环的目标，企业的财务管理模式创新、路径创新都需要围绕着财务管理目标展开，民营企业的财务管理活动中，重点融入了全面预算管理理念和财务共享理念，从多个维度提升了民营企业全面预算管理和财务管理的水平。在新的历史条件下，民营企业的财务管理模式创新应从全面财务预算管理、建立业财融合一体化的平台管理、实施动态化的资金管理及实现企业集团范围内财务共享等几个方面展开。

M 企业是一家中小型制造企业，长期以来深受业务与财务脱节问题的困扰，为此，企业管理层决定推动业财融合工作。为确保业财融合工作有效落实，在 2018 年初制定了业财融合“三步走”的实施路径并推动实施，当前已经初步实现了在业财方面的融合。M 企业的业财融合的主要建设途径有以下三点。

(1) 完善管理相关流程，明确业务、财务分工。企业流程改变是财务转型的必然结果，为了转型后的财务、业务工作开展顺畅，完善相关管理制度及流程至关重要。财务职责的重新界定是财务工作者角色改变的核心，其关键思路是把财务职责由传统的事后核算、分析与评估逐渐朝事前规划、事中管理转变，而且平衡好管理会计与业务本身的关系。M 企业在推进业财融合之前，首先将企业内部管理制度进行了全面梳理、修定和流程完善，并结合业财融合的实际需求，对业务、财务进行了明确分工。要求业务部门在一项业务开展时主动、及时与财务沟通，让财务适时了解业务特点，理解业务需求；财务部门运用经营预测、财务分析、风险评估等方式，揭示业务活动运营中存在的问题，协助业务部门制定优化(改进)方案。

(2)积极推动信息平台应用与共享,改善数据环境。为了前置财务工作者的角色,真正起到财务数据的指导功能,M 企业积极推动信息平台应用与共享,创建依靠业务流程推动的业财一体化平台。企业采取项目制来建设,各项目通过四部分人员构成:信息管理人员、业务人员、财务人员、第三方软件研发者,由此充分保证业务部门和财务部门目标的统一性、业务和财务流程结合性、财务信息与业务信息全面精准共享。在全企业范围内推进了 OA 办公系统,完善、优化了现有 ERP 软件,将采购、生产、销售等各个环节的数据信息由各部门实时录入系统,将所有数据通过信息平台整合并即时形成报表,把以前由人工进行数据汇总的工作通过计算机自动生成,构建企业的数据库并固化传递使用机制,在公司内部建立分级、分类的信息共享平台,满足企业管理决策和业务部门管理的信息需求。

(3)强化内部沟通管理,发挥财务管理的风险管控优势。诸多的跨部门交流是令财务向业务不断增加控制力的保障,而管理层对变更的认可与推动就是业财融合的前提与根基。业务与财务之间的沟通是双方面的,把财务专业术语转换为通俗语言,强化业务部门与财务部门的沟通是有效实施业财融合的关键。M 企业在业财融合实施过程中,不仅鼓励财务人员参与到业务经营活动中去,为业务活动开展提供涉及财税方面的措施建议,还鼓励业务经办人员就业务开展向财务部门提出支撑需求,针对业务活动中存在的问题向财务反映并提出措施建议。要求财务人员在沟通过程中,站在业务的角度去看问题,将财务专业术语转换为通俗语言与业务部门进行沟通,拓展即时沟通方式,以确保能够及时、有效沟通,达成解决问题的目的。考虑到财务人员在企业风险理解和识别方面的能力优势,要求财务人员积极深入到业务活动前端,参与重大项目决策,把风险管控工作从事后处理向业务前端和业务执行过程中延伸。当风险事项出现的时候适时预警,及时传递给企业管理层和业务部门,并根据管理层要求与业务部门共同制定、采取应对措施,严格把风险影响控制在企业管理层可接受的范围内。

从业财融合运行分析来看,M 公司通过一年多以来的业财融合实施,由于分工明确,避免了诸多内部推诿现象,使得业务经营工作能够开展顺畅;随着信息平台应用与共享和数据环境的改善,会计核算与数据汇总不再占用财务人员的大量工作时间,使之有更多的时间去做好预算管理、经营预测、财务分析等相关工作,提升了财务工作效能;由于有了财务的参与,多个项目的风险事项在事前提示而加以修正,避免了业务完成后无法结算的现象,同时也为企业挽回了经济损失。

一个企业的成功往往是创始人的成功,创始人将吃苦耐劳的精神和与时俱进的知识体系很好地结合,那么企业自然会在这种文化理念的凝聚下不断修正、更新,形成以顾客和市场为导向的良性循环,从而由小做大,由大做强。但是部分民营企业经营者尚不具备这样的宏观思维和具象布局,他们虽然能够感知到时代变迁带来的冲击,却由于各种原因仍然在惯性的推动下采用传统的管理方式经营企业。另外，部分民营企业的培训机制有待完善，因为培训的投入产出无法量化，短期内看不到明显的经济效益，所以自然地被忽视或者省略。企业缺乏团队建设的理念指导，没有系统的绩效考核模式保证人才培养的层层递进，这种体制下的企业员工个人潜力得不到挖掘，受限于自身经验以及认知水平，无法突破能力的天花板，也就是说不具备业财融合的执行能力。部分民营企业的制度流程尚未健全，以致让决策难免失去客观性，如此日积月累下去就偏离了健康发展的轨道，也容易在经济大潮的拐点被淘汰出局。业财融合也是制度规范的产物，实践中需要业务与财务部门进行充分的信息共享、人力协同改造、过程监管反馈、数据分析应用等环环相扣的步骤来全面反映企业经营全貌，提高发现和解决问题的效率。在这个过程中，制度起到保障性作用，具体到每个人该做什么、怎么做、做到什么样的标准、有什么样的奖励和惩罚，这些都是要通过制度明确下来并在执行中不断修正改进的，否则即便是方向有了，因为过程失控，也达不到预期的效果。

三、民营企业业财融合的问题

部分民营企业财务大多数属于事后核算反馈的"账房"会计，缺乏主动财务转型为业务提供事前分析风险管控的意识。业财融合实现的真正价值是实现企业效益的整体提升，从企业整个业务活动的价值链出发，关注企业各个价值领域，哪怕是企业中一个货物的转移流程，其哪些作业操作是增值的，哪些是非增值的都需要考虑。要让财务深入到企业的每个业务单元，起到带领和强化成本经营意识的作用。

业务和管理会计专业能力有待提升，进而影响沟通和协调能力。民营企业财务团队虽然具有财务核算专业理论和能力，但相对缺乏管理会计专业能力和业务流程的设计及实践操作能力，在与业务部门的沟通中存在壁垒，无法实现企业目标的一致性。面对"互联网＋"多样化的商业模式、复杂多变的业务流程和经济形势，财务人员需要快速学习各种能力，特别是需要跳出财务单一的会计核算模式，将财务管理的思路融入业务，成为业务伙伴的最佳搭档，不仅实现财务领域的无障碍沟通，还将成为业务领域最懂财务的专业人士。同时，部分民营企业的预算管理在企业财务管理中的优势并没有得到充分发挥，随着我国市场经济体制的逐步完善和现代企业制度的推广，全面预算管理将在当前民营企业的财务管理工作中，乃至企业未来的发展壮大中发挥不可或缺的作用。全面预算管理无论是从管理理念、管理流程还是考评体系上，都对传统的民营企业的财务管理模式进行了优化和创新，从财务预算的角度提高企业财务管理的水平，有利于企业未来的发展。首先，企业是由企业员工组成的有机体，企业的发展离不开每一名员工的努力，而全面预算的基本理念就是在企业财务预算的制定中，发挥每一个部门和每一名员工的作用,共同制定适用于全企业范围内的财务预算。

企业信息技术平台的系统建设有待完善。“互联网+”、移动技术、全球经济化迅速发展的时代,社会中新事物、新环境、新机会不断出现,很多中小型企业管理层尚未意识到企业信息系统建设的重要性,还是依靠企业人资管理和人工流程化操作与管理,无法实现和发挥业财融合的效果。要建成符合企业发展并实现业财融合的信息化技术平台,首先,需要企业管理层从企业顶层设计上引起对信息系统建设的重视度并重新思考企业信息系统建设的意义和价值;其次,财务人员除了掌握传统的信息系统功效外,还需要将管理会计的思想引入信息系统建设,进而通过财务管理指导业务流程,实现系统和业务流程的更新或再造;最后,还可以引进和使用外部专业的第三方信息系统咨询机构对信息系统进行调整和架构,以便达到财务和业务流程自动化管理。

企业战略、预算管理和事前风险管控等意识有待增强。一些中小型企业认为企业战略、预算管理不能够给企业带来实际的经济利益,不能排除企业面临的风险等,从而忽视企业战略、预算管理等一些有利于降低或使得业务风险控制在可控范围内的管理会计工具和方法。固然,企业战略、预算管理等规划管理可能是徒劳的,但企业的决策者在面临企业明天应该做什么的情况下,必须为不确定的未来做些准备工作,这就需要运用企业战略、预算管理、决策等管理会计工具和方法,对风险进行事前的管控,以达到业财融合的目的。

四、业财融合存在问题的解决策略建议

鉴于以上种种问题,企业在成长和发展中,可能面对企业内外部激烈的竞争环境或被动地面对和接受企业内外部各种风险因素,这就要求业务和财务统一认识,一切以增加企业整体价值为目标,在充分考虑重要性原则和成本效益原则的基础之上,灵活处理各项业务,权衡各种关系,使业务财务充分融合,走向全面一体化的道路。

加强全员业财融合的意识,实现人人财务的理念。业财融合的财务转型归根到底是人的意识转型。首先,加强财务人员管理会计理论及相关财务知识和业务操作的培训;其次,鼓励财务人员主动与业务人员互相交流学习,但并不是将财务人员转为业务人员,而是通过学习交流并结合所培训内容,将财务人员培养成为一名懂得业务的专业财务管理人员;最后,企业通过加强业财融合的宣传,进一步为每个个体、每个组织赋能,激活个体,激活组织,实现人人财务的新模式。

加强企业信息系统化建设,实现业财流程的融通,构建业财融合一体化平台。民营企业的财务管理活动贯穿于企业的整个生命周期,换言之,企业在从事经营业务管理的同时也要进行财务管理活动。但当前对于民营企业而言,经营业务管

理与财务管理往往是分开的，财务管理中的预算及计划制订集中于年初，而会计核算与员工考核集中于月末，业务活动和财务活动相对割裂。这种情况无法充分地发挥财务管理与预算管理对企业经营业务的监督作用。新的预算法更加强调了全面预算在民营企业财务管理中的作用，同时新的法律制度体系要求将原本割裂的财务管理与业务管理活动融为一体，优化原有的财务管理模式，构建统一的民营企业财务业务管理一体化平台，业财融合一体化平台能够实现对企业经营管理活动的全过程控制，既可以降低民营企业的财务风险，提高全面预算的执行效率，也能够改善企业的经营管理效率，并实现对企业稀缺资源的整合与优化配置。财务业务一体化平台的建立，是中小型企业财务管理模式创新的一条重要路径，实现了企业经营业务与财务业务管理的结合，有助于管理层做出更为准确的市场分析和经营管理决策。同时，要实现业财融合，避免财务信息成为孤岛，必须借助信息系统化建设来实现业财流程融通。企业信息系统中财务信息系统是重要的组成部分，但往往财务信息因成为孤岛而无法与业务的前后端进行连接。因此，需要将业财流程融通，加强企业信息系统化建设，通过技术引擎等信息技术的创新，处理企业经营活动中各项交易，对业务交易信息进行采集、加工和处理，固化财务作业流程，以支撑业务财务自动化管理职能及财务循环在信息系统中的实现，并提供满足企业管理决策所需的及时、准确的信息，助力企业财务的流程再造、组织变革，帮助企业实现财务转型和职能应用。

通过业财融合，实现创新发展。业财融合作为深入到企业每个业务单元，起到降本增效作用的新模式，不仅要业务和财务达到无障碍的交流和沟通，更要财务能够为业务提供有效、有价值的决策信息和方案。这就要求财务部门定期到生产部门学习生产流程、去市场销售部门了解市场走势等，并主动为生产部门、市场销售部门等讲解财务知识，相互沟通和交流双方所关注的财务数据和信息，更好地发挥各个个体、组织的创造、创新能力，更加有效地利用资源使得工作合作顺畅，实现企业的整体价值。加强战略、预算管理，防范重大缺陷和风险。企业通过制定企业战略、预算管理等管理体系并将其融入业务中，通过使用管理会计工具和信息系统的分析，实现业财融合并防范企业重大缺陷发生、预防风险，实现企业价值最大化的目标。首先，企业通过战略管理，管理会计收集、整理和分析企业内部业务和外部环境等多种信息，并始终遵循目标可行原则、资源匹配原则以及协同管理原则，让处理分析后的信息成为决策层判断的依据，帮助企业管理层做出合理的战略规划，实现企业长期效益。其次，融入预算的管理，为每一个个体和组织制定合理的指标，引导各个单元按照预算管理的步骤和次序朝着企业战略方向前进。最后，在以战略为核心的前提下，促进各个个体和业务单元协同管理，在考虑企业内外部的风险状况和企业所能承担的风险能力的基础上，充分利用管理会计工具和系统监控，防范重大缺陷的发生，保证企业平稳健康地运行和发展。

动态化地管理资金链。对于民营企业来说，资金就是生存的血液，由于民营企业多为初创型或科技型企业，对于资金的需求较为强烈，按照新预算法的相关条款规定，做好企业的全面预算管理工作，并实施动态化的财务资金管理，也是一条创新中小型企业财务管理模式的途径。如果中小型企业能够实施动态化的资金管理模式，必然会降低库存商品、半成品、在制品和原材料的资金占用，并缩短应收账款的偿还周期，提高企业流动资金的使用效率。企业流动资金的周转速度越快，资金的使用效率就会越高，而中小型企业面临的资金压力和风险就会越低。实施动态化的财务资金管理模式，是全面预算体系的内在要求，中小型企业应根据自身发展的特点和供应链的长度，选择一种最优的动态资金管理模式。中小型企业动态资金管理模式创新体系体现在企业外部结算和内部结算两个方面，从企业内部的财务管理活动来分析，各部门的资金使用及流转要经过严格的核实和审批，开源节流；此外，还要避免过多的资金在个别部门或人员手中停留。从外部结算的流程来看，当民营企业出现应收应付项目时，需要按照对企业有利的方式支付应付款项，并成立专门的应收账款清算小组或责成销售部门追回到期未收回的款项。在动态化的企业财务资金管理中，也要引入平台化的管理理念，让企业的管理层、财务部门、销售部门、采购部门等随时掌握企业的应收、应付项目的账龄时间，并与企业的全面预算管理体系相对应，及时纠偏并帮助企业管理者更好地管理这些资金，降低民营企业资金链断裂的风险。

建立财务共享机制。在互联网快速发展和大数据的时代背景下，民营企业的财务信息管理水平将决定企业的风险抵御能力及未来的发展潜力。新预算法对企业全面预算管理相关条款的规定，也从另一个侧面推进了企业财务管理信息化的进程。民营企业的财务管理活动不仅仅是财务部门的工作，其他相关部门甚至每一名员工都要关注企业财务状况和财务信息。因为在新的时代背景下，民营企业的财务管理活动是一种需要全部门参与、全员关注的大事件，这与新预算法规定的企业全面预算相呼应。因此建立一种适用于民营企业的财务信息共享机制，是新预算法环境下一种有效的财务管理模式创新路径。在财务信息共享机制下，会在指定的信息共享平台或以文件的方式，向各个部门传递民营企业的财务状况，分享财务信息。在大数据时代背景下，民营企业财务信息共享平台是一个开放的平台，不仅财务部门可以通过财务信息共享机制与其他部门共享财务信息，采购部门、生产部门和销售部门等也可以通过该共享平台展示企业全面预算的完成情况，及公示本部门的相关信息。需要做好以下几个方面的工作。首先，明确财务共享服务的基础流程，使民营企业的财务信息传递和共享更为合理。财务信息是现代企业所拥有的重要资源，确保民营企业财务信息真实、准确地传递和共享，是提高企业产品质量和服务水平的关键。因此在原有企业信息传递和共享流程的基础上，对民营企业的财务管理流程进行梳理和重塑，明确企业各部门的责任和义务,并将财务管理与企业的全面预算工作相结合,提高民营企业的财务管理水平。其次,做好企业财务人员的调配与培养工作。随着财务管理工作重要性、复杂性的不断提高,民营企业也需要大量精通财务管理和企业战略的财务人才。要实现民营企业财务管理模式与路径的创新,人才的培养、引进和调配是关键因素,新预算法要求企业实施全面的预算管理,建立财务业务一体平台及实现企业资金的动态化管理,这些创新企业财务管理模式的举措,也只有在具备充足财务人才的基础上才能够得到落实。由此可见,中小型企业财务管理模式的创新,离不开专业化财务人才的培养和调配,专业化财务人才的选拔与培养将是民营企业决胜未来的关键。最后,构建中小型企业财务共享机制,还需要建立和维护企业财务信息管理系统。在大数据和信息时代,只有及时、准确和完整地掌握外部市场信息及企业内部的财务信息,才能够降低民营企业的运营风险,在战略上获得主动权。中小型企业应建立与本企业规模相适应的财务信息系统,系统建设包括企业级网络服务器的设计与建设,企业数据库的建设及相关的技术支持。整合企业的财务信息资源,需要利用先进的互联网架构和网络技术,本节设计的中小型企业财务共享机制和信息管理系统,在 B/S 架构(浏览器/服务器模式)基础上设计完成,系统具有强大的数据传输性能、存储性能和财务数据资源整合与分析功能,可以实现企业范围内各部门之间数据信息资源的一键传输与共享。B/S架构下的系统维护成本较低,只需要对企业的网络服务器做定期维护,而无须对系统的客户端进行周期性维护。在客户端、系统网络服务器及应用服务器的布局方面采用了分布式的网络结构,更有助于系统的高速、稳定运行,也有利于保证民营企业财务管理系统的网络安全性。在网络数据库和系统软件的设计方面,采用了兼容性更好的 MySQL 通用型数据库,强调系统的安全性与保密性,企业级数据库的应用将民营企业的历史财务数据资源进行了深度的整合,更有助于企业的管理层市场战略分析。中小型企业财务共享机制与财务信息管理系统,对于系统软件的要求较高,因此需要按照系统的总体要求定期升级系统软件,提高财务信息管理系统的功能性。

为提高民营企业财务管理水平,并发挥全面财务预算在企业财务管理中的作用,本节在新预算法的指导下提出了一系列民营企业财务管理模式的创新路径,从强化民营企业的全面预算管理、构建财务业务一体化平台、实施动态化的企业资金管理,及建立中小型企业财务信息共享机制等方面入手,优化现有企业的财务管理模式并逐步提高企业的财务管理水平,为企业的经营和发展服务。随着企业外部市场环境的变化和发展,中小型企业需要持续地、动态地优化内部财务管理模式和创新路径,可以从以下几个方面完善保证措施。首先,从企业长远发展的角度继续坚持和完善全面预算管理体系,发挥全面预算管理的作用和功能;其次,将企业的财务管理制度纳入考核体系,充分调动发挥企业每一名员工的积极性，并将员工考核与企业财务信息共享机制融合起来，以民营企业的财务管理带动经济效益的提高；最后，坚持以人为本的原则，做好财务管理人才的培养、引进和调配工作，以人力资源管理效率的提高推进财务管理模式的变革，并促进中小型企业财务管理水平的提高。

经过M企业的实践，业财融合的有效途径需要重新界定财务部门职责，通过完善相关管理流程，推动信息平台应用与共享来改善数据环境，提升财务工作效能，将财务工作者的角色由事后核算、分析与评估，逐渐朝事前规划和事中管理转变，为业务带来决策支撑，做好业务开展的事前规划、过程监督与风险管控，满足业务与财务在融合工作中的各种要求，从而提升企业管理水平，确保企业经营目标得以实现。

综上所述，面临经济发展新形势，民营企业在业财融合一体化建设中，加强企业财务管理型人才的培养和打造业财融合专业性人才团队是首要问题。中小型企业必须认识到业财融合在企业经营中的重要作用和意义，借助企业信息系统建设，结合管理会计工具和方法，对业财融合中的问题进行认真处理和分析，时刻掌握企业经营活动实际状况，并针对处理和分析的问题找到相关的解决方案，发挥业财融合一体化建设的综合效用，从而推动中小型企业在新形势下的科学、健康发展，实现企业经济效益最大化。

大数据系统在各领域的广泛应用，极大地提高了数据信息收集的效率，也促进了企业管理方式方法的改变。传统的会计职能已经不能满足企业发展的需要，瞬息万变的市场环境，需要企业敏锐地发现数据信息中隐藏的问题，并迅速做出调整，以获得更多的市场竞争优势。作为数据综合处理体系的财务部门，如果还停留在记账、核算、报表的水平上，对业务不了解，就无法为企业发展及决策提供准确高效的可行性意见。会计职能从核算到管理的过渡，需要管理会计在对公司战略目标的总体把握的基础上，熟悉业务内容和流程，并且将预算前置，才能在经营中发现问题、解决问题，做好事中控制和事后数据信息处理分析。即通过实现业务和财务的高效融合，逐步完成集成化管理模式的构建，促进企业的健康可持续发展。当前在“互联网＋”技术和云计算的支撑下，数据能够迅速地完成筛选、分析、汇总等，技术上的变革创新了市场竞争的环境，企业需要紧跟时代的步伐，改变传统思维和观念，形成新的管理体系。在财务管理的要求上，首先，企业要有意识地开发运用先进的信息处理工具。“工欲善其事，必先利其器”，有了工具上的革命，才能将以“出报表”为目标的财务人员从烦琐的数据处理工作中解放出来，进而把工作重心从对数据的记录、总结、描述转变为对数据信息的预测性分析。其次，财务数据是由业务数据驱动的，财务管理者要跳出财务，从业务的角度找到数据增减变化的根本原因，也就是通过充分的业财融合，来准确分析业务活动的利弊，从而提高财务数据的决策性应用。再次，随着生产生活的不断智能化，人们越来越意识到，人的创造性是不能被人工智能模仿和取代的重要生产力，其他资产的效能都是通过人的参与释放出来的，重视并加强对财务管理人才的培养，是企业长盛不衰的原动力。财务作为企业中的重要职能部门，要进行职能价值化，实现业财融合，必然要从理念到实务发生质的飞跃。

第三节　中小企业业财融合案例研究

经济的不断发展，促使企业不断探索适合企业发展的经营模式。信息化时代的到来，决策者希望及时掌握有效信息，为公司的经营发展指明方向，于是，与业财融合有关的研究近几年开始兴起。本书对中小企业的业财融合的意义和存在的现实问题进行了分析，探究了推进业财融合的有效策略，期望中小企业可以建立适合自己的业财融合制度。

一、中小企业业财融合建设的意义

随着中小企业的经济不断发展，规模在不断增加，这使得其吸纳了大量的劳动力，从而企业向员工支付的报酬急剧增加，但企业的利润却有所下降。互联网经济时代的到来，市场竞争加剧，对产品的质量、性能等方面的要求越来越高，特别是电子产品，其更新换代的速度往往跟不上时代的发展。在这种时代背景下，降低公司的运营成本，减少公司不必要的开支，对公司来说，是势在必行的。因此，企业要加强内部管理，改善现有的运营模式，探索适合本公司发展现状的经营模式，提高自己的行业竞争性。传统的中小企业管理模式是各部门信息比较分散的，业务信息和财务信息由业务部门和财务部门分别进行统计和管理，信息交换存在时间差，会使企业管理层无法及时获得经营信息，并依据市场变化做出相应的决策，降低了中小企业经营的效率。网络经济的快速发展，对中小企业提出了新的发展要求，市场瞬息万变，中小企业要根据市场变化及时进行经营战略调整，以适应经济的发展。顺应新的时代发展，必将实现财务信息管理的一体化模式，中小企业有必要实行业财融合制度，便于企业及时适应市场环境。

二、中小企业业财融合存在的问题

财务信息和业务信息的结合，可以及时为中小企业提供有效的数据信息，减少信息不对称的现象，极大地提高企业的经营效率。但在业财融合的实施过程中，由于了解较少，资金、人才、技术等各方面的限制，涌现出一些问题，阻碍了新模式的推行。

(1)加大管理层的支持力度,提高公司部门对业财融合制度的认识。每一个新制度的有效实行和推动,不仅需要管理层下达命令,还需要其他各部门的积极配合。业财融合制度要想在中小企业得到有效实行,就需要有强有力的领导对其进行支持,因为在实行的过程中可能需要对相关人员进行调动,以及职权的调整和重新分配,对旧制度进行改革和重建。此外,还可能关系到部门主管的职权调整,实行业财融合制度的过程中,有可能会触及他们的切身利益,阻碍制度的顺利实施。所以,为保证业财融合制度的顺利开展,就需要公司领导的大力支持,冲破各种难关,加快企业信息管理一体化进程。

(2)完善中小企业的制度。目前,很多中小企业的业务越来越多,从而暴露了企业的信息管理制度存在着很多问题,例如,信息不对称、信息流通不及时等,影响了管理层及时做出应对策略,导致各部门的配合不及时,降低了企业的经营效率。首先,改善中小企业的信息管理制度,实行业财融合制度,固化企业的管理流程,业务部门和财务部门信息共享,可以有效提升财务部门的工作效率,更好地为业务部门服务。中小企业全面预算管理的要求与新预算法对企业的基本要求一致,更关注中小企业价值的创造和优质服务的提供。企业开展全面预算活动要从长远的视角出发,调动全体员工的积极性,为企业整体效益的提高和未来的发展而做出努力。其次,从全面预算的制定流程和预算制定方法的选择上来看,创新财务预算管理模式需要对原有的预算编制流程和编制方法进行优化和升级。中小企业的全面预算管理活动是一种动态的、可调整的预算,这是由于中小企业所处的市场环境千变万化,一成不变的全面预算无法满足企业财务管理的要求。因此在中小企业的全面预算制定完成之后,还要基于企业的发展情况及外部的市场变化情况实时地做出调整。预算编制完成之后更重要的是能够执行下去,在预算的执行中一方面严格地执行预算法的基本要求,另一方面按照中小企业编制的全面预算执行,如果发现全面预算存在不合理之处及时修正,但总体的财务预算管理方向不能改变。在全面预算制定和执行的方法选择上,以零基预算和弹性预算编制方法为主,以历史数据为辅。当前无论是国际市场还是我国国内的市场环境变化均较快,尤其是在互联网和电子商务模式的推动下,全面预算的制定一定要与社会经济发展的总体发展趋势保持一致。最后,中小企业的全面预算管理活动重在考核,要基于新预算法和现行会计准则的要求,对企业的全面财务预算执行情况做出客观的评判,并基于部门和具体的员工实施考核与奖惩,这样能够调动员工的积极性。

(3)提高部门间的沟通效率。有效实现中小企业的信息共享,需要做好一系列准备工作,数据的收集、加工、处理和上传是不可缺少的几个环节。财务信息的网络共享有效地缩短了各个报账单位之间的物理距离,但同时也带来了一定的不便。各个报账单位的保障效率和信息的准确性影响着核算单位的工作进展,中小企业中参与财务核算和报账的人员较多，但是由于财务人员对网络财务系统不够熟悉，以及财务系统没有得到很好的建设，各部门之间缺乏沟通，致使报账系统效率低下，出现信息不对称等情况，使得共享系统中的信息出现与实际情况之间的偏离。互联网经济的快速发展，要求必须重视财务系统的建设，企业要招聘具有相关技术的人才，加强各部门的有效及时的沟通，加快信息传递，促进业财融合的有效实行。

三、中小企业推进业财融合的有效策略

（1）合理分配工作人员。为了有效推进业财融合，中小企业要对相关人员的工作进行合理化分配，可以适当组建管理小组、维护小组、监督小组等，管理小组要对发生的业务的真实性和准确性进行审查，及时上报会计信息；维护小组定期对出现的问题和漏洞等进行解决，确保更好地推进制度的实行；监督小组要履行监督职责，对出现的违反制度的行为进行相应的惩罚，确保制度的顺利开展。区别分离开发人员和维护人员的职责。中小企业的技术人员需要花费一定的时间和精力，才能初步完成相关系统的开发，然后再经过实际运用和系统调试，才能正式为企业服务。企业的相关信息都是保密的，在对系统进行调试时，要保证公司信息的安全。区别操作人员与审核人员的职责。企业操作人员指对公司各个部门发生业务的真实性和准确性进行审核的人员，审核无误后，制作相关凭证，制单完成后，审核人员对其凭证进行复核，确保凭证制作无误，保证财务信息的准确。操作人员和审核人员的工作要区分开来，不要做重复性工作，降低工作效率。对数据进行严格审核，确保数据的真实有效，保证公司的安全运行。

（2）培养综合素质较强的电算化工作人员。业财融合制度需要人才来推动。中小企业在进行人员招聘时，要重点招聘综合型会计人才。要求这类人才不仅能够掌握基本的会计知识，专业能力过硬，还应要求其熟悉会计系统的操作，电子信息操作能力够强。此外，还应有一定的财务数据分析能力，能够及时发现其中的问题，为中小企业的制度建设贡献力量。最后，还要对企业相关的工作人员进行定期培训，加强业务培训，增长他们的会计知识，提高业务熟练度。工作人员对企业的发展建言献策，这就要求他们除了具有一定的计算机操作能力外，还要具备一定的中小企业总体性管理知识，可以根据中小企业数据的波动情况对上级提出相关意见和建议。中小企业可以组织相关工作人员定期进行学习，举行工作研讨会，将自己的学习心得与其他人进行交流，拓宽自己的视野，不断提升自己的业务能力。

（3）重视相关工作人员的道德教育。业财一体化管理模式涉及计算机的操作，计算机中存有很多关于公司的数据信息，包括财务信息和人员档案等，应采取

相关措施防止这些数据泄露,保护公司信息的安全,因此要求公司员工有良好的职业操守。在日常经营管理中,不仅要注重职业能力的培养,还要重视对员工的思想道德教育,不定期考查员工的职业道德水平,并制定相关的考核标准,严格把控公司的信息安全。

(4)提高员工的知识技能,处理好部门间的关系。想要员工在日常的工作中熟练地处理公司事务,这就要求员工应该具备与其工作相关的丰富的专业知识,包括税法、管理等方面的内容,专业知识过硬可以极大地提高工作效率。因此,中小企业在日常的经营过程中,要不断地鼓励员工进行学习,为其创造良好的学习环境和机会,养成自主学习的好习惯。中小企业还可以在工作群里分享相关案例,鼓励员工进行案例分析,掌握其中运用的知识和技能,不断地提高自己的工作技能和素养。此外,要让员工对企业的相关信息有具体了解,以便于工作的展开和进行;要加强员工与部门领导之间的交流和沟通,以便于员工有针对性地提高自己的业务能力,促使工作顺利进行。

积极进行业财融合的团队建设。企业的价值归根结底是由人创造的,人工智能的广泛应用虽然极大地解放了某些领域的人力,但真正推动社会进步的创造力,还是来自人的主观能动性的发挥。越来越多的企业把核心竞争力定位于人才的培养、服务的提升,良好的团队建设是成就企业目标的重要因素。中小企业的业财融合壁垒要从内打破,就要加强人才的选拔培养,通过培训、团建等方式给业务和财务部门创造彼此了解、共同成长和分享的机会,从意识上树立共同的目标,从实务上构建协同合作的平台,为业财融合打造良好的企业内部环境。大数据时代的信息已经不再是彼此分割开来的独立运行体系,每个行业都在不断开发 ERP 系统,手机 App 等,形成一个方便快捷的数据闭环链接,将原本劳动密集的数据收集、统计、分类、整理、发送等变成了瞬间完成的事。与数据打交道的传统财务人员,也应该把更多机器能做的事交给机器,把更多的时间和精力用在向管理会计转型的学习和实践当中。业务与财务因为在同一数据平台,不存在信息不对称的障碍,有助于保持数据的高度即时性、敏感性和反馈结构的高效性,准确地把握企业运营状态,及时纠偏,提前防范各类风险,为确保企业价值目标实现提供财务管理支持。

(5)定期进行岗位轮换。员工在熟练掌握了本职工作后,可以定期进行岗位轮换,岗位具有流动性,可以学习其他岗位的工作内容和技巧,也可以了解工作的流程和模式,便于不同岗位员工之间的沟通。工作具有流动性,可以有效促进合作的开展,减少不同岗位之间沟通的障碍,提高工作效率。但是在进行岗位流动前,要对员工做好心理疏导,减少接触新工作带来的抗拒心理,同时也要结合员工的实际情况,对员工是否能够胜任其他岗位的工作进行充分的考量。业财融合是管理方式的转变,不是一朝一夕的权宜之计。在不同的部门间建立起密集的接触点，进行信息的快速传递和分析判断，需要有明确的流程和严谨的制度做保障，还要进行团队长期的磨合与淬炼，最后形成一套成熟完整的管理模式。

中小企业在开展业财融合工作的同时，要加强相关的制度建设，用制度来规范和监督新的内部控制方法的落实，用流程来梳理业财融合各环节的具体操作，并做到奖罚分明，鼓励参与者不断地根据实际情况对制度进行优化升级，从而促进业财融合在企业内蓬勃有序地开展。建立内部资金管理制约机制，资金是企业长治久安的命脉，从业财融合的角度来看，首先，将资金管理前置到业务环节，例如对合同应收应付账款的时间节点给予建议，从源头上保证资金加速回笼，控制风险和加强资金的合理利用。其次，在业务开展中，财务根据企业年度及月度目标，结合中小企业自身财务状况、发展需要、资金来源等方面，做好现金流预算控制，尽量平衡资金流动性与收益性。对营私舞弊、铺张浪费现象进行惩治，加快资金周转速度，对产生负现金流的项目进行整改。最后，当企业需要融资时，则需要综合分析各种融资渠道的利弊，如金融或非金融机构借款、股权融资等方式的收益及资金成本，好的财务管理就是要帮助企业使用最少的资金产出最大的效益，满足经营和发展需求。在管理信息数字化、资源配置市场化的新经济形态下，中小企业要在激烈的市场竞争中生存和发展，必须主动了解和把握经济发展的新趋势、新政策，能够用前瞻性的理性判断，衡量各种内外部因素对企业经营发展的影响，从而在管理方法上不断开创新的格局，积极推进业财融合在企业管理中的进程。财务部门要参与到企业经营及决策当中，通过对自身认知结构的改造，使业财融合的数据信息更具有实用性，促进企业发展目标的顺利实现。

综上可知，中小企业业财融合并非单独某个公司部门就可以完成的，而是需要各个部门紧密配合，相互协作，并在企业的不断实践中逐渐形成，以改善中小企业的经营模式，提高企业的经营效率，达到降低企业总成本，获取最大净利润的目的。

第六章 结　论

第一节 大数据背景下业财融合的意义

现阶段，各种先进的通信技术迅速发展，使得信息传播的效率也有了很大的提升，然而，许多信息的价值在一些企业里并没有得到充分发挥。很多企业虽然经营范围较广，但缺乏先进的经营思想，制约了企业的发展步伐。目前，部分企业引入了管理会计，尝试业财融合的发展模式，但业财融合的道路并不顺利。相关工作者加强相关问题的研究与探索应对策略尤为关键。第一，在社会经济与科技飞速发展的时期，企业为了有效地发展必须依托于优秀的管理人才。对于业财融合，企业也有必要构建一支专业的业财融合队伍。在财务、业务初步融合阶段，有必要培养一批业财融合的综合素质较高的人才，并构建专业团队，以确保业财融合工作的顺利开展。第二，企业管理者在构建业财融合队伍时，应当充分结合企业的实际经营情况，使得团队成员发挥其应有的作用。在此期间，既可以从内部培养业财融合工作者，又能够从社会直接招聘专业人才。第三，企业管理者应当有意识地加强业财融合团队建设力度，从内部挖掘有着巨大潜能的年轻人，强化对人员的技能培训，为企业的业财融合提供重要支持。这样，当企业的业财融合团队正式运行的时候，就会逐渐凸显其功能，在专业化队伍的推动作用下，企业的业财融合发展道路会越来越顺利。

一、大数据时代企业发展离不开数据支持

大数据时代下，企业为了谋求发展，离不开海量数据的有力支撑。而企业是独立经营的个体，在日常的财务管理以及业务推广中均会生成大量的信息。一般状况下，由企业各个经营活动中生成的所有数据信息均可以为企业下一步的经营决策的制定带来可靠的参考。然而，很多数据信息由于未能及时进入专门的数据库进行分析、处理，呈现信息破碎化状态，给企业的管理人员从海量数据中获取有价值的信息造成不利的影响。由于企业推行业财融合的工作模式具有一定的复杂性，如果应用不当则会产生适得其反的效果，因此，业财融合过程中更加需要数据库的有效支持。企业管理者应当充分意识到这点，并积极地构建为业财融合服务的数据库，利用数据库更好地对日常经营活动中生成的数据信息加以采集、分

析、整理，并适当地扩大数据库规模。此外，建立数据库不意味着企业简单地增添了一个数据储存的“仓库”。对于数据库里的大量信息，必须派专门负责人定期地归纳、管理，便于相关的管理者随时调取与利用，为企业各项业务的发展与财务管理工作提供便利。

二、业财融合是提高企业财务管理水平的重要因素

在部分企业管理当中，常常会忽略财务管理的事前预测和事中控制作用，简单地将财务工作看作一项事后反映工作，认为财务工作只是对企业已经完成的经济业务进行核算和记录。在开展财务工作当中，财务部门的独立性比较强，缺乏和其他部门的沟通，导致财务工作和多个部门业务出现脱节的情况。针对这样的情况，实现业务和财务相互融合，不仅可以加强各个部门之间的沟通配合，还能提高信息共享的效率和扩大普及面，保证企业信息的流通性。还可以提高企业对于每一个投资项目进程的控制力度，能够全面控制企业的项目开展进度，进而做好预算方案的编制，切实有效地提高财务管理水平。实现业务和财务之间的融合，有利于提高企业的风险防范水平，因为财务人员参与到各个业务活动当中，不仅可以打破财务封闭的运作形式，也可以提高各项部门信息的获取效率，保证信息获取的及时性和准确性，从而更好地监督预算的执行效果。实现业财融合，还能发挥出各个业务部门对于财务工作的监督作用，保证财务工作质量。将财务工作融合到各个业务部门工作当中，可以提高财务人员对于业务活动的了解程度，了解业务活动的流程，更有利于开展企业的内部控制活动，及时发现存在的问题，降低企业存在的内部风险。加强业务和财务的融合，有利于促进企业实现最大价值，价值管理是财务管理的重要内容，要实现最大价值，必须要优化当前企业的资源配置，提高对资源的利用效率。而实现业财融合，可以将价值管理有效地渗透到各个管理环节当中，所以企业要加强对各个管理环节的管理控制，做好开源节流工作，降低企业经营成本，提高企业的经济收益。业财融合背景下，可以加强各个部门之间的合作，发挥各自的作用，从而实现企业价值的最大化。

企业推行业财融合会受到很多因素的影响，例如，业务发展目标与财务管理目标的不统一阻碍了业财融合的进程，也会让相关的工作人员面临麻烦。为此，企业管理人员一定要对自身发展的业务目标与财务管理目标进行有效协调。第一，建立健全企业的管理制度，为业财融合工作带来有力的制度保障。具体而言，企业管理者在判别是否需要推行业财融合模式，或者如何展开业财融合的实际工作的时候，需要充分地结合企业的发展情况进行相应协调。第二，当业财融合工作逐渐进入新常态的时候，管理人员有必要将相关的业务目标与财务目标做出制度化的有机融合，以便更好地协调二者。第三，当业财融合工作模式切实地发挥

了积极作用的时候，企业的内部经营环境也会获得进一步优化。值得注意的是，管理人员在对业务目标与财务目标协调过程中，并不意味着单纯地将一个目标向另一个目标迁移，而需要从企业发展利益角度分析，制定几种调整方案，确定怎样调整两个目标，包括具体的调整幅度等必须进行有效分析，最后选择最佳的方案予以落实。第四，加强彼此的交流协作。在企业经营发展中，财务部、业务部都发挥了不可或缺的作用，它们都是维持企业正常运行的重要构成，也是推行业财融合工作模式的关键节点。在业财融合过程中，财务部门与业务部门的工作人员加强彼此的有效沟通是极其重要的，直接决定了业财融合最终的效果。为此，相关管理人员在业财融合的过程中，应当对两个部门进行有效协调与管理，确保双方的步调趋同。充分发挥企业经营管理制度的作用，使得财务管理人员与业务办理人员加强互相的思想交流、协作。例如，可以在财务部设立成本会计、管理会计的职位，通过新设的职位既可以促进财务管理工作顺利开展，又可以对内部的业务部工作产生积极作用。同时，业务部也能够运用相似的方式影响财务部的工作，使得二者在彼此影响过程中增进双方关系，最终达到财务部、业务部工作的协调运行，促进业财融合模式在企业发展中日趋成熟。

三、企业开展业财融合意义重大

大数据时代背景下，企业开展业财融合工作具有重要意义。近年来，在国家经济快速发展的过程中，市场经济逐渐完善，要想提升自身的竞争能力，促进自身良好发展，就应该转变传统的业务工作、财务工作相互脱离的工作模式，有机整合业务工作和财务工作。一方面，在业务工作中按照财务信息制订完善的业务计划；另一方面，在财务工作中按照业务信息进行有效管理。再加上大数据技术的支持，形成良好的业务和财务融合模式，在增强企业竞争力的同时，促进企业良好发展。企业在实际发展过程中，竞争压力较大，各方面的工作内容比较烦琐，如果财务工作和业务工作处于独立状态，很容易导致内部管理工作面临诸多问题。而在大数据时代背景下，企业通过有机整合业务工作和财务工作，可以转变内部会计职能，使其从传统的记账、核算角色转变为服务、管理角色，便于开展内部管理和控制工作，促使内部管理工作高效实施。

第二节　大数据背景下业财融合前景展望

一、业财融合进一步深入与细化

业财融合属于大数据环境的重要产物，大数据是网络发展至一定高度的产物,大数据系统在各大领域的推广运用,为其他行业的发展提供了科技支撑。大数据系统在财务管理方面的使用,大幅度提升了财务管理中心的业务效率,而且调整了会计职能,由以往的基础会计业务向财务信息分析、财务信息挖掘、为业务中心服务等转变。财务中心和业务中心结合,可以使财务中心更好地挖掘信息,科学高效地分析信息,调整企业会计职能,为企业发展及决策提供科学的财务分析报表,而且大幅度提升了操作效率,保证了信息质量。一个完整的决策支持系统应该包括以下要素:系统和组织的匹配度、业务流程再造、系统的集成度。为企业量身定制合适的管理会计信息化体系需要大量调研,成本高,耗时长,目前能够满足这一需求的开发商比较少。为了使管理会计信息化体系的搭建过程规范有序,可以采用质量管理应该遵循的科学程序 PDCA(Plan,Do,Check,Act)循环法。管理会计信息化的行业实施必然要与行业相结合,财会业务的整合是对未来的财务从业者的基本要求。随着人工智能的推进,信息系统可以自动采集、筛选数据,无须基础会计人员录入,会计师的增值必须通过基础会计核算到管理会计的过渡实现,会计师必须深入公司业务,服务于管理和一线运营。对于现阶段的国内大型集团公司,财务分工极为精细,每个职位涉及的工作零散,在职人员很难全面了解财务流程,因此未来的会计师需要通过参与完整的项目周期,培养全局观,使得财务人员从公司层面了解业务运营的整体流程,从而使得管理会计的实施和公司运营过程保持一致,在了解运营流程的基础上构建符合公司战略目标的管理会计信息体系,根据业务流程拆分数据,建立符合公司长远利益的财务共享中心。企业可以从各个业务部门选调人员到财务管理部门,加强财务机构的业务建设,改变分散、唯一的工作方式。

财务业务整合将通过以下几方面完成。首先,企业可以将财务人员引入不同的项目,一个项目从开始到完成是一个完整的周期,随着项目的推行,财务人员可以对业务流程有全面细致的了解,为财务职位晋升奠定基础。其次,参与业务分析。未来对于财务人员的要求不再是单纯的财务分析,而是基于业务的财务分析。传统的财务分析是通过财务报表对企业经营状况进行综合比较和评价,给管理层提供决策和控制的依据,而基于业务的财务分析核心是资源配置最优化支持业务发展,需要财务人员在项目开始前与业务人员沟通,根据业务流程定义重要的时间节点,建立计划,量化预算报告,提前做预测,制订阶段性的运营指标,并让业务人员评估修订以满足业务需求。业务推进过程中,财务人员需要根据实际数据分析误差原因,修正预算报告,会计提供复核资料,各方互相促进,推进业务资源分配最优化。最后,会计需要同生产部门和后勤部门合作获取成本数据,同时还需要和销售人员及运营部门沟通,了解公司的利润来源和运营模式,从而得出结论。

从大数据的技术发展情况来看,云计算作为大数据中分布式计算方法的一种,不受时间和空间的限制,将大数据通过多服务器处理分析结果及时返回,具有成本低、可定制性强的特点,中小企业可以在云会计环境下构建自己的信息系统。重庆理工大学的云会计研究团队构建了基于云会计的信息生态系统,提出了云会计定制过程的可信性评估方法。财务共享中心的成立还能加快会计职能的转变,重庆理工大学的万家盛及其团队构建了财务共享服务的云平台框架。财务共享中心的成立和实施可以打破数据隔阂,形成标准制度,流程化管理,使得企业对基础核算岗位的会计人员需求大大降低,管理层打造管理会计信息化体系来促使业务和财务的融合,增强企业竞争力。在此基础上,企业可以引进数据仓库、数据挖掘、网络 XBRL(可扩展商业报告语言)等技术进行高效整合。财务共享中心除了服务于财务领域,对于非财务的数据处理和挖掘也显示出其重要性。比如:客户偏好、客户满意度、交易频率、交易金额、交易方式等,这些非财务数据更能影响公司的销售额、市场占有率等,因此这些非财务数据的挖掘和收集是更加重要的竞争力,管理会计信息系统所需要的数据也逐渐由单类型结构化数据向多类型非结构化数据转变。数据挖掘可以在无序的数据集中揭示潜在的模式,作为决策的支持依据。挖掘对象可以是任何类型的数据源,包括数据仓库、文本、多媒体数据、移动端数据、网页数据、时序数据等。会计师可以根据企业的业务流程在不同的节点采集数据,根据企业的业绩目标和利润来源,将收集的数据分类,一部分数据建立模型,剩下的部分建立验证集,用以测试模型的精确度。如果模型对于采集的样本有较高的准确率,可以用来对估值数据的未知变量进行预测,用以控制风险、降低成本、增加利润。目前掌握大数据挖掘工具的管理会计人才缺口较大,财会从业人员除了掌握会计、财务管理方面的知识,还需要对计算机科学、信息技术、统计学、法律学这些非财务类学科有一定的积累和实践。目前的研究还未涉及跨学科跨专业的人才能力框架搭建,经济师黄永金曾提出建议将数据处理能力作为必要的管理会计人才培养框架组成部分之一,并纳入会计资格考试体系的核心考核内容。高校的财会专业也应该加入大量的计算机科学方面的课程,培养既精通信息技术又精通管理会计知识的信息化人才。

二、业财融合帮助企业实现价值最大化

企业经营阶段追求利润,其是企业经营的根本,业财融合有利于企业效益最大化,是其运营的最终目标。新模式要求发挥出财务这一关键部门的功能,财务管理中心负责企业现金流的应用,对企业生存决策起到较大作用。大数据环境下的业财融合能够把市场的业务数据反馈至财务中心,令财务中心能够随时掌握市场动态,整合信息资源,提取有价值的内容,及时和业务部门的数据互通,有计划、有针对性地调整并完善市场活动,不仅能够节省成本、减少风险、科学分配资源,

还能够提升企业核心竞争力，实现企业可持续发展目标。业财融合扩展了企业财务管理中心的服务范围，使财务管理中心掌握业务中心的工作过程，还可以充分了解市场要求，及时调整公司运营规模，而且可能有计划地实现转型。企业经营应当遵守市场规律，市场属于企业经营的调整杠杆，业财结合体现财务管理中心的关键价值，对减小公司投资风险，使其在激烈的市场环境下处在有利地位均起到较大作用。业财结合这种新型财务管理方式，是现代化企业迅速发展的成果，也是时代进步为企业经营提出的新需求。

三、业财融合财务工作向管理会计的转变

大数据系统在财务管理中心的运用转变了企业会计操作形式，有的财会基础工作完全能够借助于财务软件处理，节省了人力、物力以及财力，并提升了操作效率，保证了工作质量。当前，企业所需要的是懂预算、会决策的管理型会计人才，业财融合恰恰有助于财会人员向管理会计方向发展。大数据时代下，促进财务一体化，基于财务的管理软件能够监控企业每个部门的数据，例如订单内容、质量评定、市场行情等，这类资料对公司财务中心的财务预算可以起到一定的保障作用。当前，企业财务管理中心的工作内容并非简单的记账，而是需要为企业经营及决策提供科学的财务分析报表，这是企业长远发展的关键因素。财会人员向管理会计转变是现代财务管理的内在需求，也是现代企业发展的结果，业财融合有助于财会人员向管理会计转变发展，还加快了财会人员向管理会计转变的速度。

本章以前文所论述的内容进行综合的总结和归纳，并提出针对大数据时代企业财务决策工作创新的建议和展望，以期为企业的财务决策工作提供借鉴。

在信息量急剧增长的大数据时代，人们的工作和生活都在不同程度上受到了影响，财务行业也不例外。在传统的财务决策模式中，企业更多的是通过财务报表等基层财务数据来发现问题，探寻出其中的因果关系之后再进行决策。而大数据时代下，数据的爆发式增长使企业财务管理者在决策时往往不仅需要考虑基层财务数据，也需要衡量非财务数据与财务决策之间的关系。因此，财务决策作为企业财务管理的关键，必须顺应大数据下新形势的要求，积极对企业财务决策模式进行创新，探寻大数据时代对财务决策造成的具体影响，为企业在当今数据时代的发展保驾护航。本书总结了大数据环境对财务决策造成的影响，如财务决策工具的变化；财务决策参与者的变化，也即决策方式的改变，更加科学化的决策，决策主体的改变促进了决策者与决策相关人员的信息交流，决策质量的改变提升了企业决策者的洞察力，决策岗位的创新提高了财务管理人员的专业要求；同时也对财务决策框架的变革做了陈述。在前几章里，还通过理论与实践相结合，从国有企业、民营企业等角度分析业财融合的构建方法及存在的问题，具体探讨了

各行业的翘楚是如何在大数据时代利用其数据优势来进行企业财务决策，强化财务决策的正确性的。之后，再由案例分析转向理论研究，针对数据来源、数据处理、数据人才方面探讨大数据时代企业财务决策工作面临的问题，并对以上问题分别提出了相应的解决措施，即在数据来源方面加强基础财务数据的获取；在数据处理方面完善对非结构化数据处理的技术；在数据人才方面加强大数据与财务专业复合型人才的培养。通过对具体问题提出的具体措施，有针对性地为企业财务决策当下面临的挑战提供其大数据时代环境下应该追寻的变革之路。

总之，大数据背景下，企业日益重视大数据在财务决策中的应用，数据的丰富、及时及智能化为财务决策工作的全面展开提供了大好机会。但值得注意的是，机遇与挑战常常相伴而生。大数据背后蕴含的信息引发了企业对数据的巨大需求，但随之而来的难题为企业财务决策工作带来的挑战也同样不容忽视。因此，企业应该在危中寻机，不断提高适应大数据变化的能力以及财务管理水平，积极应对大数据变革给财务决策带来的挑战，才能化危为机，在下一波的社会竞争中脱颖而出。

参考文献

[1]杨纪琬,阎达五.开展我国会计理论研究的几点意见——兼论会计学的科学属性[J].会计研究,1980(1):2-10.

[2]ALVIN TOFFLER. The Third Wave[M]. Bantam Books,1981.

[3]MORROW M, HAZEL M. Activity mapping for business process redesign and manager[J]. Accounting, 1992(2):36-38.

[4]VENKATRAM N. IT-enabled business transformation:form automation to business-soope redefinition[M]. Sloan management review,Winter,1994,73-84.

[5]DUNCAN W. Operational value at risk. [J]. Risk, 1995(12): 1-12.

[6]PAUL H. Reengineering the bank:a blueprint for survival and success[M]. New York:McGraw-Hill,1997.

[7]丙明杰,钱平凡.再造流程[M].浙江:浙江人民出版社,1997.

[8]DAVID G. MAYES,LIISA Halme,Aarno Liuksila: improving banking supervision.[M]Antony Rowe Ltd,2001.

[9]辛勤.业财融合问题在企业财务管理中的分析[J].中国商论, 2017(6): 109 - 110.

[10]谭征.我国制造企业转型升级中的融资问题研究[J].中国内部审计,2017(3):94-97.

[11]杜红莉.从业财融合视角看管理会计在企业中的应用[J].商业会计,2017(8):58 - 60.

[12]龚衍.业财融合在财务管理中的运用[J].财会学习,2017(9):43 - 44.

[13]马贵兰.基于大数据思维的"业财融合"管理会计体系应用——以通信行业为例[J],财会月刊,2015(32):24-26.

[14]周莉.引入管理会计理念促进业财融合——关于烟叶实施财务业务一体化核算的思考[J].商业会计,2015(23):99-100.

[15]闫俊,管理会计应用之业财一体化探讨[J].商业,2016(15):140.

[16]Valiris G, GLYKAS M. Critical review of existing methodologies:The need for a holistic approach[J]. Business process management journal, 2002(5):65-70.

[17]梁斌.以生态视角展望流程银行的发展[J].中国金融电脑,2016(10):84.

[18]姜继忱,邱泽国.业务流程再造企业动因研究[J].佳木斯大学社会科学学报,

2013(6):55-58.
[19]维克托·迈尔·舍恩伯格，肯尼思·库克耶.大数据时代——生活、工作与思维的大变革[M].杭州：浙江人民出版社,2013.
[20]伊恩·艾瑞斯.大数据思维与决策[M].北京：人民邮电出版社,2014.
[21]姚国思.浅议会计集中核算下的学校财务管理[J].行政事业资产与财务，2016(12):72-73.